《清末民国检察专著集注丛书之二》

检察制度
（宣统版）

- 薛伟宏 薛远 点校
- 郑言 笔述
- [日] 冈田朝太郎 松冈义正 小河滋次郎 志田钾太郎 口授

中国检察出版社

图书在版编目（CIP）数据

检察制度：宣统版/郑言笔述．—北京：中国检察出版社，2020.7
ISBN 978-7-5102-2400-3

Ⅰ.①检⋯ Ⅱ.①郑⋯ Ⅲ.①检察机关—司法制度—研究—中国—清后期 Ⅳ.① D929.52

中国版本图书馆 CIP 数据核字（2020）第 023863 号

检察制度（宣统版）

薛伟宏　薛　远　点校　郑　言　笔述
［日］冈田朝太郎　松冈义正　小河滋次郎　志田钾太郎　口授

出版发行：	中国检察出版社
社　　址：	北京市石景山区香山南路 109 号（100144）
网　　址：	中国检察出版社（www.zgjccbs.com）
编辑电话：	（010）86423703
发行电话：	（010）86423726　86423727　86423728
	（010）86423730　68650016
经　　销：	新华书店
印　　刷：	保定市中画美凯印刷有限公司
开　　本：	710mm×960mm　16 开
印　　张：	16
字　　数：	203 千字
版　　次：	2020 年 7 月第一版　2020 年 7 月第一次印刷
书　　号：	ISBN 978-7-5102-2400-3
定　　价：	56.00 元

检察版图书，版权所有，侵权必究
如遇图书印装质量问题本社负责调换

【凡　例】

1.《清末民国检察专著集注丛书》(以下简称"本丛书")由"日本法学四博士"讲义口授[①]，张一鹏笔述《检察讲义》，郑言笔述宣统版《检察制度》，张智远、王枢、王炽昌笔述《检察制度详考》，熊元翰编辑《检察制度》(以上四书统称为"中国检察第一书——四胞胎")，张跃鸾述《检察实务》、毛家骐编著《检察官办案实用》、陈则民等著《废检察制度之运动》、庄作铭著《检察制度之研究》、陈刚编著《刑事审检实务》等清末民国检察专书，以及与本丛书相关的检察法律集注、编校而成。与此同时，它属开放性丛书，可随时增补。

而"日本法学四博士"何许人也？日本冈田朝太郎、松冈义正、小河滋次郎、志田钾太郎"法学四博士"是也（如下图1所示）。

图1　左起：冈田朝太郎、松冈义正、小河滋次郎、志田钾太郎

冈田朝太郎（1868—1936年）：日本近代著名法学家、刑法学家。1906年9月29日至1915年9月应清政府重金礼聘，来华出任修订法

---

① 之所以称之为"讲义口授"，中国检察第一书之内容的大量省略，便是明证。

律馆调查员，并兼任京师法律学堂教习。①曾参与《大清刑律》《大清刑事诉讼律》《大清法院编制法》等法律草案的起草。

松冈义正（1870—1939年）：日本近代著名法学家、民法学家、民事诉讼法学家。1906年受清政府重金聘任来华，任京师法律学堂教习，并讲授民法总则、物权、债权、亲族法、相续法（即继承法），民事诉讼法和破产法。

小河滋次郎（1861—1925年）：日本近代著名法学、监狱学家。1908年受清政府重金聘任来华，担任修订法律馆顾问，并帮助清廷完成改善狱制任务，同时在京师法律学堂讲授监狱学。

志田钾太郎（1868—1951年）：日本著名民商法学家。1908—1912年来华，在修订法律馆协助清政府起草商法——《大清商律草案》。②同时，在京师法律学堂讲授商法总则、会社法（即公司法）、有价证券、船舶（即海商法）和国际私法等课程。

---

① 修订法律馆：清末民国初年中央政府设立的专门修订法律的机构。北洋政府曾设立法典编纂会，1914年更名为法律编查馆，1918年又改称修订法律馆。京师法律学堂：中国官办第一所法律专门学校。清光绪三十一年（1905年）修订法律大臣沈家本（1840—1913年）、伍廷芳（1842—1922年）等为实施新法、培养裁判专门人才，为各省佐理新政、分治地方之用，奏设于北京。以造就已仕人员，研精中外法律，使具政治知识为宗旨。三年毕业，招收各部属员。课程第一年为《大清律例》及唐明律、现行法制及历代法制沿革、法学通论、经济通论、国际法、罗马法、民法、刑法、外国文及体操；第二年为宪法、刑法、民法、商法、民事刑事诉讼法、裁判所编制法、国际公法、监狱法、诉讼实习、外国文及体操；第三年为宪法、刑法、民法、商法、民事刑事诉讼法、国际私法、行政法、财政通论、诉讼实习、外国文及体操。另设速成科，一年半毕业，课程与本科大致相同，内容较简略。宣统元年（1909年）甲班毕业，二年乙班毕业。1912年5月，并入北京法政专门学校。

② 1909年《大清商律草案》于修订法律馆脱稿，成为中国第一部现代商法，但因不符合国情未能颁行。

现在看来，我国最早的四本检察专著，① 是以日本法学四博士的最初讲义口授为蓝本的；没有他们来华的讲义口授，中国检察第一书也不会诞生。

2. 为保证本丛书的原汁原味，集注、编校过程中所用工具书，主要包括：[日]清水澄编，张春涛、郭开文译：《法律经济辞典》，上海群益书社1909年版、上海人民出版社2014年重印出版；李祖荫主编：《法律词典》，北京朝阳大学1927年编印、上海人民出版社2014年重印出版；余正东主编：《法律政治经济大辞典》，上海长城书局1932年版；汪翰章主编：《法律大词典》，大东书局1934年版、上海人民出版社2014年重印出版；中国大辞典编纂处编：《国语辞典》，商务印书馆1937年版；本书编写组编：《简明法制史辞典》，河南人民出版社1988年版；高潮、马建石主编：《中国古代法学辞典》，南开大学出版社1989年版；徐复等编：《古汉语大词典》，上海辞书出版社2000年版；本书编写组编：《古代汉语词典》，商务印书馆2006年版，以及互联网在线《汉典》等。

3. 除对原著作适当校点、校订、校勘、校正、校注等技术性处理外，极力保持其内容与形式的返璞归真：

（1）原著竖排的，均改为横排；原文中"如左""如右"之类，亦均改为"如下""如上"。

（2）原著繁体与异体字，均按国家语言文字工作委员会《第一批异体字、异形字整理表》（2002年3月31日）、国务院《通用规范汉字表》（2013年6月5日）等法规规定，改为规范的简体字与正体字。

（3）原著中有些字词，如"发见"（发现）、"豫审"（预审）、"身

---

① 所谓专著亦称专书，即"就某方面加以研究论述的专门著作"；专书即"就某一专题而编写的专著"，著作即"用文字表达意思、知识、思想、感性等的著作成品"。（参见中国社会科学院语言研究所词典编辑室：《现代汉语词典（修订本）》，商务印书馆1999年版，第1650、1647页）

分"（身份）、"各人"（个人）、"审察"（审查）、"干与"（干预）、"与以"（予以）、"回复"（恢复）、"无庸"（毋庸）、"申述"（申诉）等现在不常用者，均按照现在字词校正。

（4）原著无标点或者使用不规范者，均按国家技术监督局、国家语言文字工作委员会、新闻出版署《标点符号用法（GB/T15834-2011）》（2011年6月1日）校点。

原著所引法典、著作名称未加书名号者，均加书名号。

（5）原著数字使用不规范者，均按国家质量监督检验检疫总局、中国国家标准化管理委员会《出版物上数字用法的规定（GB/T15835-2011）》（2011年1月1日）校正。

（6）原著法律条文、年份数字不规范者，如"第一百十条""第二百十条""第二百七条""第八十之三条""一千八百七十八年"，均改为"第一百一十条"或"第110条"、"第二百一十条"或"第210条"、"第二百零七条"或"第207条"、"第八十条之三"或"第80_3条"、"1878年"。

另外，为区分中国与外国法律，前者用汉字数字表示条文顺序，后者则用阿拉伯数字表示条文顺序。

此外，值得注意的是，旧中国法条之"款"，相当于大陆现在法条的"项"；而大陆现在法条之"项"，则相当于旧中国法条的"款"。

（7）原著无段落划分者，均作适当划分；正文小标题混乱者，均加以统一。

（8）对原著中有些"案"或"按"之内容，适当调整，并加"【　】"以示突显，且内容均改为楷体与正文宋体有别。

（9）图用"图＋阿拉伯数字"每卷连续表示。

（10）对原书中日语、英语、法语、德语、拉丁语等外文词汇照搬照抄，但可能与现今该文相应词汇有所出入。

4. 鉴于本丛书所集专书面世时间久远，经多方寻找，难以找到所集专书原著者、笔述者、编辑者，望所集专书著作权所有人见此说明后，请与我们联系，以便解决相关事宜。

5.鉴于原著面世时代久远以致字迹不清，以及点校者学养所限，书中难免存在谬误，望阅者海涵、雅正。

【简　介】

一

若从记录、编辑特别是出版、发行抑或面世时间的早晚上说，由日本法学四博士（如上图1所示）讲义口授、郑言笔述的《检察制度》，既是中国诞生第二早的检察专著，也是"中国检察第一书——四胞胎"之"老二"；既不愧为"中国检察第一书"美誉，也可视作欲入中国检察殿堂的"敲门砖"。而具体面世时间，又有三：一曰"宣统辛亥（1908年）季春付印"；① 二曰"宣统三年（1911年）四月二十六日印刷"；三曰"宣统三年（1911年）五月二十一日发行"。与此同时，它至少又包括宣统与民国两个印制版本（如下图2所示）。

甲、宣统版《检察制度》

就宣统版《检察制度》来说，原书精装16开、繁体、竖排290页，书脊烫金字——"检察制度　云阳蒋士立编"，全书近9万字，分别编制页码，依次包括（如下图2所示）：

第一，书名页：右起竖排程德全手书繁体字："宣统辛亥季春付印"、"检察制度"、"程德全题"、红色篆书"雪楼"印文。②

---

① 季春：春季的最后一月，农历三月。
② 程德全（1860—1930年，如下图3所示）：清末民国政要。字纯如，号雪楼，重庆市云阳县人，本籍江苏省苏州府吴县（今苏州）。曾担任清朝奉天、江苏巡抚，辛亥革命中反正加入革命军，后任江苏都督、南京临时政府内务总长等职。最终退出政坛，隐居上海。著有《程中丞奏稿》《抚吴文牍》。

图 2　左上起：郑言笔述《检察制度》宣统版、民国版之书名页、题词（法权活动之枢机）、版权页，以及宣统版"蒋士立序""郑言序""编纂义例"部分内容，民国版"郑言序""编纂例义"部分内容

第二，题词页：右起竖排杨年手书繁体篆字："法权活动之枢机"、"江宁杨年"、篆书"任道"印文。①

第三，蒋士立所作序。

第四，郑言所作序。

---

① 杨年（生卒不详）：字任道，民国司法人员，曾任江宁（今南京）地方审判检察厅厅长。1912 年 3 月，与同仁刘焕联名向司法部上呈后，《司法部批江宁地方审判检察厅长杨年、刘焕组织高等审判检察两厅请备案呈》指出："查审判检察各厅，关于人民生命财产至为重要。各国法律均无各级兼任之规定。该审判检察两长，以南京民国首都不能无上诉机关，亦应先行据情禀报核准，俟呈请大总统后，方能委任开办。该呈等竟于上月 28 日组织高等审判检察两厅，所有办事人员仍以该地方人员兼任，殊属不合，所请备案，实难照准。"

第五，蒋士立所作"编纂义例"。

第六，检察制度总目。

第七，正文依次包括：①检察制度——［日本］冈田朝太郎口授；（华阳）郑言笔述；（云阳）蒋士立编纂：第一编"刑事法与检察制度"（第一至九十页）。②检察制度——［日本］松冈义正口授；（华阳）郑言笔述；（云阳）蒋士立编纂：第二编"民事法与检察制度"（第一至三十四页）。③检察制度（行刑要论）——［日本］小河滋次郎口授；（华阳）郑言笔述；（云阳）蒋士立编纂：第三编"行刑法与检察制度"（第一至五十六页）。④检察制度——［日本］志田钾太郎口授；（华阳）郑言笔述；（云阳）蒋士立编纂：第四编"检察制度与对外关系"。

第八，附件：冈田毕业演说、小河毕业演说、识别法、指纹识别法。

第九，检察制度勘误表。

第十，版权页：右起竖排、繁体字：宣统三年四月二十六日印刷 宣统三年五月二十一日发行 检察制度实价大洋一元；（版权印图标）"版权存案 无印者伪也"；笔述者华阳郑言（红色篆字印文）"郑言之说"编纂者云阳蒋士立（红色篆字印文）亦立 校正者慈利姚生范 印刷所上海小南门外中国图书公司 总发行处上海棋盘街中国图书公司。

乙、民国版《检察制度》

就民国版《检察制度》而言，原书16开、繁体、竖排、275页，近9万字，分别编制页码依次包括（如上图2所示）：

第一，精装封面：右起竖排程德全手书繁体字："宣统辛亥季春付印"、"检察制度"、"程德全题"、篆书"雪楼"印文。

第二，题词页：右起竖排杨年手书繁体篆字："法权活动之枢机"、"江宁杨年"、篆书"任道"印文。

第三，郑言所作序。

第四，蒋士宜所作"编纂例义"。

第五，检察制度总目。

第六，正文依次包括：①检察制度——［日本］冈田朝太郎口授；（华阳）郑言笔述；（云阳）蒋士宜编纂：第一编"刑事法与检察制度"（第一至八十九页）。②检察制度——［日本］松冈义正口授；（华阳）郑言笔述；（云阳）蒋士宜编纂：第二编"民事法与检察制度"（第一至三十四页）。③检察制度（行刑要论）——［日本］小河滋次郎口授；（华阳）郑言笔述；（云阳）蒋士宜编纂：第三编"行刑法与检察制度"（第一至五十六页）。④检察制度（行刑要论）——［日本］志田钾太郎口授；（华阳）郑言笔述；（云阳）蒋士宜编纂：第四编"检察制度与对外关系"（第一至四十八页）。

第七，附件：冈田毕业演说、小河毕业演说、识别法、指纹识别法。

第八，检察制度勘误表。

第九，版权页（两页）：右起竖排、繁体字：民国三年四月二十六日印刷 民国三年五月二十一日发行 检察制度实价大洋一元；（版权印图标）"版权存案 无印者伪也"；笔述者华阳郑言 "郑言之说"（篆字印文）编纂者云阳蒋士宜 校正者慈利姚生范 印刷所上海小南门外中国图书公司 总发行处上海棋盘街中国图书公司。①

二

那么，郑言笔述《检察制度》的编纂者究竟是"蒋士宜"还是

---

① 其中，"民国"二字为手写，并粘盖原印刷体"宣统"二字之上。究其原因，似乎为该书虽为"宣统三年四月二十六日印刷、宣统三年五月二十一日发行"，但ковсь此书时（1911年10月10日之后），民国业已成立，清朝已灭亡。所以，只能匆忙将"宣统"手写改为"民国"，却未讲印刷体"××三年四月二十六日印刷、××三年五月二十一日发行"部分手写粘盖。而这一情形，恰是窃将其称之为"郑言笔述、民国版《检察制度》"的原因所在。

"蒋士立"？窃以为，应该是"蒋士立"。一方面，尽管从表面上看，民国版要晚于宣统版《检察制度》面世，但宣统版《检察制度》却又有将编纂者"蒋士宜"改为"蒋士立"的客观事实。基于两者正文的基本相同，故可将宣统版视作民国版《检察制度》的"重印版"。

另一方面，若民国版"蒋士宜"正确，宣统版就没有多处将"蒋士宜"勘正并粘盖为"蒋士立"的必要。而蒋士立的音容笑貌又如何呢？

其一，蒋士立（生卒不详）：四川云阳（现属重庆东部云阳县）人士，字亦立、号练骞。曾加入同盟会，后投靠袁世凯，成为其死党；任中国驻日情报员时，曾向冯国璋函电分析英德、俄德外交关系的变化。①

其二，在介绍清末民初人士李执中时，②对蒋士立有如下描述：1914年，孙中山在东京发起成立中华革命党，③李执中须发皆白，首先入党。经过一段发展，党员发展到六百余人。袁世凯闻讯十分害怕，便派亲信蒋士立携款五百万到日本与驻日公使陆宗舆拉拢、阴谋瓦解革命阵营，④孙中山集会商议对策。桃源人吴先梅站起来说："孙总理，我愿以身许国，刺死蒋士立！"⑤李执中遂将吴先梅引入密室，谈了自

---

① 冯国璋（1859—1919年，如下图3所示）：直系军阀的首领，曾任北洋步兵学堂总办兼督练营务处总办、统制、第一军总司令、参谋总长、民国副总统等职。

② 李执中（1860—1926年）：湖南常德石门县人，字懋吾、柏如，清末举人，曾执教常德西路师范、湖北荆州驻防中学堂学监，1906年东渡日本寻求救国救民之路，后参加同盟会。宣统元年湖南省谘议局开幕，当选为谘议局议员。曾出席国民党第一次代表大会。

③ 孙中山（1866—1925年，如下图3所示）：名文，字载之，号逸仙。中国近代民族民主主义革命的开拓者，中国民主革命伟大先行者，中华民国和中国国民党的缔造者，三民主义的倡导者，创立《五权宪法》。

④ 陆宗舆（1876—1941年）：浙江海宁盐官人，1913—1916年担任驻日公使。五四运动中，他与曹汝霖、章宗祥一起被称为"卖国贼"，于1919年6月10日被解职。

⑤ 吴先梅（1894—1918年）：湖南桃源人，1912年赴日本留学。1915年刺杀蒋士立。1916年4月随居正在山东潍坊起义，任骑兵团长。1918年在常德遇害。

己设计的行刺方案，吴欣然允诺。是日，大雨倾盆，吴冒充我驻日使馆官员，进入蒋士立下榻的赤坂区外交街寓所，谎称有要件要面交蒋。蒋闻报雍雍（即雍容——从容大方）下楼。吴佯装递信，即刻对发三枪，蒋扑地身亡（另一说，吴连击三枪，蒋虽未毙命，但再也不敢公开活动）。次日，日本警方搜查刺客，追捕甚紧。吴躲进李执中寓中，后扮成一阔商平安回国。

图3　左起：程德全、冯国璋、孙中山、覃振

其三，在介绍国民党党章的起草人覃振时，[①] 有如下描写记载：民国三年（1914年），覃振在东京参加中华革命党，任湘支部长，奉命联络旅日华侨、学生。是时，袁世凯派驻东京的坐探蒋士立，用大量金钱收买旅日华侨、学生，以拼凑筹安会分会。[②] 覃派其学生吴先梅将蒋士立惩毙。

其四，《民国演义》（蔡东藩、许厪父著，上海文艺出版社1983年

---

① 覃振（1884—1947年，如上图3所示）：光绪三十年（1904年）春，经宋教仁介绍加入华兴会，后赴日本求学。光绪三十四年，受同盟会东京本部派遣，回国策划革命。刚抵长沙即遭被捕，被判终生监禁。宣统三年（1911年）10月武昌起义成功，覃出狱后任湘桂联军督战队队长，率部援鄂。1917年6月，以孙中山为大元帅的军政府委任覃振为湖南检阅使。1921年孙中山任非常大总统，覃任总统府参议兼法制委员。1924年1月国民党改组，覃当选为中央执行委员，并主持汉口执行部，办理湘鄂陕甘党务，后参与组织西山会议派。

② 筹安会：1915年杨度、孙毓筠、严复、刘师培、李燮和、胡瑛等人成立的一个政治团体。其支持当时的中华民国大总统袁世凯，公开支持恢复帝制，实行君主立宪。

版)对"蒋士立"有如下描述：蒋士立被刺东京，也因鼓吹帝制的缘故。当筹安会发生以后，不在中国内地分设支部，就在日本国中，亦派人往，设分会。蒋士立即为东京支部的头目，信口鼓吹，张皇帝政。看官！你想日本里面，是民党聚集的地方，他们统反对袁氏，自然反对蒋士立，当下有民党少年，寻至蒋士立寓所，赠他两粒卫生丸，一丸及胸，一丸及腹。幸亏蒋士立躲闪得快，只伤皮肤，未中要害，还算保全性命。侥幸侥幸。

其五，蒋士立著有《国债辑要》（日进舍1915年版）、《美日拉拢中国参战密报》（载《近代史资料》1968年第8期）等。

总之，由上可见，民国版与宣统版《检察制度》有如下不同：一是两者页数、字数、排列顺序与四封颜色，不尽相同。二是前者只有郑言所作一个序，后者则有蒋士立所作与郑言所作两个序。三是前者为"编纂例义"，后者为"编纂义例"，同时两者的具体内容也不尽相同。四是前者编纂者均为"蒋士宜"，后者则将编纂者"蒋士宜"修正粘盖为"蒋士立"。而本丛书所点注者，为宣统版《检察制度》。①

三

而《检察制度》的笔述者，郑言又是何许人也？郑言（生卒不详）：字俶忱，四川华阳人，与本书笔述者蒋士立是同乡。民国司法人士、律师。

光绪三十年（1904年）进士第二甲第九名，光绪皇帝赐甲进士出身。后留学于日本，毕业于法政大学清国留学生法政速成科第五班，

---

① 值得说明的，由陈颐点校、郑言笔述、中国政法大学出版社2003年重印的《检察制度》，系民国版《检察制度》。与此同时，还将编纂者"蒋士立"讹传为"蒋士宜"。

与张一鹏（本丛书之《检察讲义》的笔述者）是同班同学。

回国后，曾任京师地方审判厅民庭推事。1910年9月，被江苏巡抚程德全委任为江苏高等审判厅厅丞——法院院长，并参与筹办该厅"一切内容"。因此，他也是清末法律改革后江苏的首任高等审判厅厅丞。

中华民国成立后，1912年4月30日，北洋政府任命他为江苏省提法司长。

而所谓提法司长，即民国沿用清末提法使司官厅之长官。① 宣统二年（1910年）七月，根据清政府颁令，各省按察使司改为提法使司，原任按察使为提法使，仍为正三品官，负责管理全省司法上的行政事务，并监督各级审判厅、检察厅及监狱。而提法司（使）的具体职掌分为六项：

一则凡遇省内各级审判厅、检察厅对现行各项法律有疑义不能决定时，提法司应详拟解释，申请大理院核示。

二则对各死罪案件，由提法司备缮供勘，详请巡抚具奏，交大理院复判，法部核定，汇集具奏。

三则对本省各级审判厅、检察厅均得随时亲往视察或派员往视，并将巡视的情况，申报巡抚及法部。

四则于筹办司法上一切事宜时，应随时申报巡抚，并转咨法部；年终亦应汇造表册，报部查核。

五则按监狱法督饬办理本省监狱事宜。

六则对所属科长以下官员依《考用提法司属员章程》规定，负责考试、录用及考核。

---

① 官厅：处理国家或地方行政事务的机关，即政府机关、衙门。

【蒋士立序】

蠹国于灏空万有大圆球之奥，① 以生、以息、以番、以殖、以展进。② 向上必韫有一定之宗主义焉，以纲维彻贯乎③ 其际，群制度文为政教、礼俗，人间世之。④ 现态皆循是义，⑤ 以相与趋赴，而在在为之表现者也。权舆天地，未袪旰旰睢睢，由寡民、姆族、渠酋递演进以至于今。⑥ 今则环大瀛诸洲、诸国率蝉蜕于家族主义之秒，竟驰骛于国家主义，渐蕲向企于社会主义上理者也。⑦

---

① 蠹：蠹立；灏：通"浩"，空旷；大圆球：地球；奥：可居住的地方。
② 以生、以息、以番、以殖、以展进：生息蕃庶、周而复始。
③ 向上：以往；韫：孕育；宗：宗族；纲维：法度；彻贯：贯彻。
④ 群：众多；文：记录；人间世之：世代相传。
⑤ 现态：现在；义：道义、做法。
⑥ 相与：相互；趋赴：前往、追求；在在：处处；权舆：萌芽、开始；袪：开启；旰旰睢睢：浑厚纯朴；姆族：母系社会；渠酋：（部族）首领。
⑦ 大瀛：大海、大洋；率：率先；蝉蜕：解脱；之秒：之际；竟：竟然；驰骛：奔驰的骏马；企：开启；上：达到一定程度；理：规律。

畊凿浑噩,无与帝力、田园、孙子不关国是。相望相闻,其民老死不相往来,无事。群策群力,争自存于剧竟烈择之世也。①

家族主义即于老天,②赋自殖,无叽畦阈、平博相响,无事。团系不独亲其亲,子其子,力其力,货其货,亦无事。③群策群力,争自存于剧竟烈择之世也。

社会主义邻乎,稚老者迁矣。稚焉方间关递进,而未毕来。不老不稚本血族支裔语文惯习之,素之晶结范之,以土宇苞之,以主权巩力厚势出而与天下相见,足竟存发越于不敝者。④其惟近世,祺骎骎未艾之。⑤

国家主义乎?国家之家,而非家族社会主义之家;而民国之民,而非家族社会主义之民也。

举制度文为政令、礼俗人间世之现象,皆循是义焉。以相趋赴而所在为之表见者也。就其表见之,至明极确、贯彻剀义而无少浾歧者,则检察制度其尤著者焉。⑥

杀人者死、伤人及盗抵罪,此古我国报复主义,而非国家主义也。决斗、探汤、纠问、弹劾,奉行辩士、代理人之设,此古欧法定证据、自由心证及发现真实国王自利主义,⑦而非国家主义也。

---

① 畊:同"耕";凿:在工具上打孔;浑噩:浑沌无知;帝力:皇权统治。这其实就是老子理想中的"小国寡民"社会图像;国是:国家政策;自存:自谋生计;剧竟烈择:剧烈的竞争、选择。

② 值得注意的是,新中国以前,有时"即"与"既"相通、不分。

③ 赋:征收;殖:增加;叽:众多;畦:田地;阈:界限、门;平博:平坦宽广;响:慢慢呼吸;团:聚集。

④ 邻:临近、接近;稚老:老幼;迁:向往;间关:旅途艰辛;血族:有血缘关系的宗族;支裔:旁系宗族、流派;素:向来、本来的;土宇:国土、疆土;苞:同"包",包裹;厚势:后盾;足:值得、充分;发越:散发;敝:败坏。

⑤ 祺:吉祥;骎骎:马疾行的样子,疾速;未艾:未止、未死。

⑥ 表见:表现、显示;至明:极贤明;极确:非常正确;剀:割截;浾:通"存"。

⑦ 设:规划、布置、安排;欧:欧洲。

检察制度

蒋士立 序

国家主义之菁英无在不以国家为前提，而某国家自身之利益。伤一生命，国家生命之一分子也，国家必起而检举之；蚀一财产，国家财产之所联系也，国家必出，而督莅之。执是例，以例凡百。举国家意思、行为及其内部组织变更，未不本斯义，以相为因而相与缘此。①

近世泰东西文强，各国所由日确飞蒸进而未有整也。②吾宗国谋改制有年，而谈变政者数矣。朝立一法焉，乐其头莫下一令焉。诊其足，一羊而九牧，一官而百蠹，其卒也。泯棽撞乱东扶，而西又仆而国是。遂因益日即混芒，而不可究诘于戏。根本主义之不谙而汰言改革，是车无軏，舟无柂也，③若之何其可行也。

检察制度世少专著，率散见于民刑诉讼及构成各法，居平最藁多夙有以究其故而蠱于中。④

佟忱饬法金间，适忞民事义章制。出其所听受于检察研究会者，阅之忻。合无所间乃亦肢篋举所丛录，而蕴蓄之者。旁加蒐采腋，凑而为是编。书其所略窥见者以为缘起，意告时彦之。有事政法而婴心国瘦者，⑤窃不徒为检察制度计也。

      云阳蒋士立（红色篆字）亦立
      宣统三年三月书于金间

---

① 菁英：同"精英"，精髓；某：通"谋"；督莅：亲自监督；执：控制、列举；相为：相互利用；相与：相互一致。

② 近世：近代；泰：欧洲；所由：官员；飞：极快；整：管理。

③ 诊：查看；一羊而九牧：比喻官多民少；一官而百蠹：比喻祸国殃民；泯：消灭，丧失；棽：茂盛；诘：诘问；于戏：感叹词"犹於乎"；谙：精通；汰：淘汰；軏：牵引力；柂：舵。

④ 率：大概；藁：干枯；夙：平素；蠱：悲伤，痛苦。

⑤ 佟忱：郑言的字；饬：整顿；忻：欣喜；合无：犹何不；肢：从旁边打开；篋：小箱子；蒐：检阅、同"搜"；腋：腋下、翅膀；凑：聚集、会合；彦：有才学的人；婴心：关心；瘦：同"獀"，疯狂。

【郑言序】

戊申春杪,归自东瀛。① 时为南海戴文诚公管法部初创,② 京师各级审判造端规划,粗具模型。③ 惟法律不完,多部中现审旧贯。

是时,奏定《各级审判厅试办章程》一册,为司法人员之圭臬。大要范采日本,兼裁判构成、民刑手续为一,④ 而多阙略,⑤ 不能贯彻。参与规定之役,率皆海外负笈之士,削草尚颇完备。但囿于吾国政治习惯、民情惰力,凡他国司法精神所寄闻,皆芟除以趋简易。⑥

---

① 戊申:1908 年;杪:末端;东瀛:日本。
② 南海戴文诚公:即戴鸿慈(1853—1910 年),字光孺,号少怀,广东南海大同绿涌村人。清末出国考察五大臣之一,中国近代史上第一位司法部长。光绪二年(1876 年)中进士,授翰林编修。光绪二十年(1894 年)翰林大考,名列一等。历官刑部侍郎、户部侍郎、法部尚书,经筵讲官、参预政务大臣,礼部尚书,协办大学士,军机大臣,太子少保等职。
③ 粗:通"初";模型:规模。
④ 大要:大概、大致;范:榜样、标准;"裁判构成",即《日本裁判构成法》简称。
⑤ 阙略:缺点、简单。
⑥ 役:劳役、付出;率:大概;负笈:知识渊博、学富五车、学究;削草:指古时大臣上书封事草定奏稿,成辄销毁,以示慎密,或曰除草;囿于:局限于;惰力:不图进取的消极落后力量;寄闻:传闻;芟除:删除。

惜哉徐季龙厅丞方与开创京师地方审判厅之役未竟，厥诣而升高等检长。每谓法律不备，办事鲜依据，即形式亦难渐进文明。且以检察职务同僚多未谙习，临事每有龃龉，乃发起检察研究会于京师法律学堂。请之修律大臣沈敦老，即以法律学堂教员担任讲演，都凡一月葳事于是。在京司法人员，乃益谙知检察职务。余适以地方厅民庭推事得与会员之列，① 即以讲堂教授之语随笔录记，非敢谓速记能尽其旨，然自信挂漏尚少。

盖检察为司法重要之职，② 检察得人，裁判未有不公且平者。曩在日本，曾于书肆索求检察之书，③ 以资研讨。该国人士谓非独立一种科学，故无专门著述。盖散见于刑诉、裁判构成法中。

现在筹设各级审判厅，钻研司法之人所在皆是；而检察一门，坊间亦无他本行世。因亟取曩日笔述稿本，嘱云阳蒋练骞别家排比而纂辑之。④ 借以饷遗世之问途于检察职务者，其于司法前途或稍有裨欤。

华阳郑言、俠忱
宣统三年三月中浣识于金阊法院⑤

---

① 徐季龙：即徐谦；诣：转任；高等检长：即京师高等检察厅检察长；龃龉：意见不合，互相抵触；沈敦老：即沈家本；葳：形容枝叶繁盛；推事：法官。

② 窃以为，由此可见，检察属于司法职责范畴。

③ 曩：以往，过去；书肆：书店。

④ 蒋练骞：即蒋士立；"练骞"为蒋士立的号。

⑤ 宣统三年三月中浣：1911年4月中旬；俠忱：郑言的字；金阊：今苏州。

【编纂义例】

第一,检察制度世少专书。此编乃日本法学博士冈田、松冈、小河、志田四先生所讲授。内分检察之关于刑事、民事、行刑、对外四种,皆各就其专门擅长科分编。不惟检察义法言之,綦详即于审判精神,亦因文见义。①

第二,本编为郑佽忱厅丞所笔述,编者特更于平昔所习之"民刑诉讼法"、《裁判所构成法》及其他政法诸书,采抉精要分别系之。篇中、篇末系中者,加以"( )"括号;列末者,冠以"案"字或别为"例如",并低两格写,以醒眉目,而资参证。②

第三,编中所引条文,仅载某国、某法、某条、某项加以"【 】"符号,而不录其文。此皆各国现行法典,欲窥全豹,原书具在,自可参照。

第四,冈田博士主张预审各节与吾国现行制度不符,所引《法院

---

① 义法:义理法则;綦:通"极";因文见义:即"互文见义",指相邻句子中所用的词语互相补充,结合起来表示一个完整的意思。

② 特更于:特别更加上;系:编辑、栓、悬挂、汇集。

编制法》各条亦多歧异。盖因此编之出，适当《法院编制法》起草，而未奏交宪政编查馆覆定，之初所引纯属草案。凡于此等不符之处，僭加"附记"，①以资说明。

第五，本编所举西历年月，均按中国年代比较注明，以便观览。冈田、小河两博士毕业演说意颇殷肫，且略示法学涂绪，②特录编末，以昭原委，而作纪念。

第六，编中附列"识别法"。因关于司法作用甚伙，我国具结等事辄取指头、箕斗是，即识别法之一义。冈田剖析微茫，参以图解，亦颇精妙，③兹亦并录于末，以供研究。

第七，我国法权甫立，检察制度特具雏形。此编之出或于司法前途不无小补。但讲述原涉简单，编纂亦出仓促，卒纰缪之处知所不免，闳雅君子幸有以教之。

编纂者识④

---

① 出：出现、产生；僭：自谦之词。
② 殷肫：殷切真挚；涂绪：发展、道路开端。
③ 伙：多，辄取：立即执取；微茫：模糊、不清楚。
④ 编纂者：蒋士立。

目录

凡例 1

简介 1

蒋士立序 1

郑言序 1

编纂义例 1

第一编 刑事法与检察制度 1

绪 论 3

第一章 刑事诉讼之方式与检察制度 3

第二章 法国检察制度之沿革 7

第一节 经过 4

第二节 分合 5

本 论 15

第一章 检察厅之组织 15

检察制度

目录

第一节　检察厅之配置　15

第二节　检察官之定员、官等及俸给　17

第三节　检察官之任免　19

第四节　检察官之代理官及补佐员　22

第五节　检察厅书记课　24

第二章　检察厅之权限　25

第一节　概论　25

第二节　公诉之准备　35

第三节　公诉之提起　53

第四节　公诉之实行　60

第五节　裁判之执行　71

第三章　（检察）事务章程及监督　73

第一节　（检察）事务章程　73

第二节　检察官之监督　74

第二编 民事法与检察制度 77

总论 79

第一章 检察制度之发达及意义 79

第一节 发达 79

第二节 意义 81

第二章 检事局之组织权限及纲目 83

第一节 组织 83

第二节 权限 86

第三节 纲目 89

各论 90

第一章 检事与民事诉讼 90

第一节 共力 90

第二节 人事诉讼 92

第三节 破产诉讼 102

第二章　行刑之要件 115

第四节　行刑占刑事制度一要素之地位 113

第三节　行刑法令之规定 112

第二节　行刑与裁判须区别其所属 112

第一节　行刑之意义 111

第一章　行刑之意义及其在刑事制度上之地位 111

通论 111

第三编　行刑法与检察制度 109

附言 107

第三节　商事非讼事件 105

第二节　民事非讼事件 104

第一节　共力 104

第二章　检事与非讼事件 104

第四节　诉讼上之救助 103

第二章 自由刑 138

第五节 执行之实质的事项 131

第四节 执行之任务及拒绝 130

第三节 拘　禁 129

第二节 执行与不得执行 129

第一节 死刑存废问题 127

第一章 死　刑 127

各论 127

第二节 事实的理由及法为的理由 121

第一节 概　论 121

第三章 不能行刑之理由 121

第三节 形式的要件 120

第二节 实质的要件 116

第一节 要件之种别 115

第四编　检察制度与对外关系 163

总　论 166

第三节　英国利用监视制度之成效 161

第二节　保护任务之扩张规定 159

第一节　保护任务之必要规定 159

第四章　附随于刑罚权之国家的保护任务 159

第五节　防止滥用自由刑之弊 156

第四节　过于偏信自由刑之害 155

第三节　使人服从国家公共秩序之利 154

第二节　防止滥用个人自由权利之利 154

第一节　概　论 153

第三章　自由刑之利害 153

第二节　行刑之大纲事项 139

第一节　执行之机关 138

各论 175

第一章 绪 言 175

第二章 治外法权 178

第一节 名 称 178

第二节 沿 革 178

第三节 意 义 179

第四节 有治外法权之人及物 180

第五节 内 容 183

第一章 检察制度之沿革 166

第一节 英美法派 166

第二节 欧洲大陆法派 168

第二章 各国检察厅之组织及权限 170

第一节 组织——组织上之差异 170

第二节 职权——职权范围上之差异 171

第三节 国际民事诉讼法 197

第二节 国际刑法 196

第一节 国际私法 196

第五章 在国内适用外国法与在外国适用国内法 193

第四节 编制及权限 191

第三节 意义 190

第二节 沿革 189

第一节 名称 189

第四章 混合裁判所 189

第四节 内容 186

第三节 意义 185

第二节 沿革 184

第一节 名称 184

第三章 领事裁判权 184

第四节 国际刑事诉讼法 198

第五节 国际破产法 199

第六章 国际的诉讼共助及犯罪人引渡 200

第一节 国际的诉讼共助 200

第二节 国际间之犯罪人引渡 201

附件 205

附一：冈田毕业演说 207

附二：小河毕业演说 208

附三：识别法 209

附四：指纹识别法 214

跋 218

第一编 刑事法与检察制度[①]

[①] 本编为"[日本]冈田朝太郎口授;(华阳)郑言笔述;(云阳)蒋士立编纂",并印在原书本编编名页上。

绪　论

第一章　刑事诉讼之方式与检察制度

第二章　法国检察制度之沿革

本　论

第一章　检察厅之组织

第二章　检察厅之权限

第三章　（检察）事务章程及监督

绪 论

第一章
刑事诉讼之方式与检察制度

刑事诉讼有两大方式：一曰纠问式，二曰弹劾式。纠问式者不待他人起诉，得由审判官审判刑事案件之方式是；弹劾式者以他人起诉之案件为限，得由审判官审判之方式是。

【案】纠问、弹劾不专在此用，① 因日本翻译刑事诉讼之方式始定此名词。

盖纠问式者，乃无告而理之主义；弹劾式者，不告不理之主义是也。

弹劾式亦有三种细别：一曰个人弹劾式，二曰公共弹劾式，三曰国家弹劾式。个人弹劾式者，必待被害人或其亲族起诉（如命、盗案件），而后审判案件之方式是；公共弹劾式者，除未成年者、有心疾者、妇女、奴隶等之外，其他不问他人皆得起诉（如对于国家、对于社会犯罪）。如由国民起诉，即须审判案件之方式是；至国家弹劾式，则惟国家专有起诉权以由其机关起诉者为限，得行审判之方式是也。

【案】公共弹劾式。例如，罗马将军出兵如有不当、不法行

---

① "案"通"按"：（编者、作者等）在正文之外所加的说明或论断；而本书【案】多为讲义口授者"日本法学四博士"和笔述者郑言所加。

为，人民皆得控告，即公共弹劾式；以全国有利害关系，其对公罪弹劾是也。罗马法有所谓（フオロム）者，即公开地（ロストテ）者，即法庭是也。公开地即一空地，裁判官至空地而设一案，即（ロストテ）。如有公罪，准国民赴告；如裁判官准理，则定一期裁判之。此罗马行弹劾式之方法也。希腊、埃及亦用之。

希腊之用弹劾式者，因国民不能尽通法律，必觅一能言之辩士以起诉公共之罪（即オラトオし），[①]此即开后来用律师之端矣。

前述之纠问式及三种弹劾式，于其时代纵横、经过及分合，[②]并无一定之原则，其例如下。

第一节 经 过

关于纠问式及三种弹劾式之经过，法国硕儒ガロオ氏曾于其所著《刑事法要论》中论：[③]个人弹劾式（第一期）乃未开时代之法，[④]其起源最早；后则变为公共弹劾式（第二期）；又其后乃发生纠问式（第三期）；至国家弹劾式（第四期），乃最终发达者。此说虽近似近理，然实未必然也。

盖多数之国，其最初或并用个人弹劾式与公共弹劾式者有之，或

---

① 辩士：亦称辩护士，即律师；オラトオし：希腊雄辩术。

② 纵横：互相交错；所谓经过者，乃纵观各时代，于此四种方式，历史上有无先后顺序之谓也；所谓分合者，乃横观一时代，于此四种方式实际上分用一种或合用数种之谓也。换言之，经过者，先用或后用之谓；分合者，分用或合用之谓也。

③ ガロオ：Garraud, Jean René（1849—1930年），法国法学家，法国近代刑法学缔造者之一。

④ 未开时代：尚未开化、混沌时期。

专用纠问式者有之，或并用此三式者有之。固无最初专用个人弹劾式之例（其理由，俟讲分合时言之）。①

惟国家弹劾式为最后发达之说，实为不可变更之事实。但至今尚未采用此制者，如英国是也。

第二节 分 合

纠问式、弹劾式者，非惟于其经过上无一定之原则，且亦于其分合上亦无不变之原则也。

【案】犯罪有两大区别：一则即以一个人为直接被害人。如谋故杀、强盗、窃盗者是。② 二则即不以一个人为直接被害人，而以侵害团体之利益为准者。③ 如谋反（指内乱、外患而言，与《大清律》所用之"谋反"二字意义不同）、渎神（希腊、罗马代表全国之主必达神，有毁其庙宇，则谓之渎神火。罗马之火神，凡国民得分火神之火者，皆为罗马国民。故渎神之罪为对于罗马全国之犯罪）、背伦（即奸非、害罗马全国之风仪罪，④ 皆无直接被害之人）等是。

但国家思想未开之际，凡侵害个人之罪，必须待个人起诉而后审判之；害团体之罪，则必待团体（成）员起诉而后审判之，固不必其由何人行之者。遂至有并用个人弹劾式与公共弹劾式之例。此说似较得当。考西洋上古史，则知多半采用此两种矣。

---

① 俟：等到。
② 谋故杀：谋杀与故杀。其中，谋杀：指二人以上合谋杀人；故杀：指故意杀人；强盗：以暴力夺人财物；窃盗：偷窃盗取他人财物。
③ 准：目标。
④ 奸非：邪恶不法或者是特指男女通奸罪。

罗马之公罪、私罪与中国不同。有直接被害人为私罪，无直接被害之人为公罪。

日本自输入中国法律亦有公、私罪名目，其义与中国同。其未输入以前，有天罪、国罪名目，与罗马之思想正同。

苟采用限于私人起诉之主义，① 则或因恐惧（加害者势力大），或因私欲（贪私人利益而私合），或因冷淡（谓已受害而放任）不即起诉者有之。虽有犯罪，而不得行其审判。个人弹劾式及公共弹劾式，俱不免有此不便之处。此不必考察历史，即以中国情形论之，已可概见。

故或关于一定之犯罪使被害人或其亲族担负起诉之义务（例如，父母被杀，子必起诉之规则），或由公共选定适当之人委任起诉之事务（常置起诉人，如辩士是），或特派一定之人监督私人之诉讼，或不待他人起诉由审判官用纠问式审判案件。此等制度，均由补救私人起诉主义之缺点而设。

检察制度，即胚胎于此主义之中。② 此非历史上之沿革，即该制度于法理上，因欲完全行使刑事诉权代私人弹劾式及纠问式，而自然发生者也。

---

① 苟：苟且，如果，假使。
② 胚胎：萌芽。

第二章
法国检察制度之沿革

凡值犯罪之际，或由公共起诉，或由临时公共所选定之人起诉。此于古代已不乏其例。如前章之所述者。然现今多数国所采用检察制度之发端，实在中古之法国。①

按之西史，方西历1200年代之末（即宋末元初），法国国王有所谓"代理人"者（如国王所用之仆人），代国王办理其一身之事务。②虽其初之资格无所异于私立会社之代理人，其事务亦仅限于国王之私事。后竟代国王赴审判厅，提起其民事诉讼矣。

诉讼等之公务，在昔本由"奉行""地方官""临时高等法官"等称号之官吏行之。③至是，王之代理人得该官吏之许可，遂有提起民诉之例。

当时，法国法制南北各异其趣。④南部依成文法令，多采用罗马法之主义；⑤北部则不用成文法令，而实施其地从来之惯习法。

---

① 中古：500—1500 年。
② 一身：自己。
③ 奉行、地方官、临时高等法官：冈田所理解的、法国古代类似于当时日本的职官名称。
④ 各异其趣：不尽相同、莫衷一是。
⑤ 成文法：国家以文书制定颁布之法律也。罗马法：古罗马奴隶制国家的法律总称。其中最完备、对后世影响最大的是私法（民法，包括诉讼程序），故常以罗马私法视作罗马法的同义语。它既包括自罗马国家产生至西罗马帝国灭亡时期的法律，以及皇帝的命令、元老院的告示、成文法和一些习惯法在内，也包括公元 7 世纪中叶以前东罗马帝国的法律。而除英国之外的欧洲各国法律，大多源于罗马法。

前所述代理人之思想，本胚胎于罗马法。故 1380 年中（元之延吉五年），君临北方之腓力弗第五世，①曾一时废代理人制度，复奉行之制度（"奉行"者，日本昔时所有官名，如裁判官、警察官之事务皆办之），使行诉讼等之公务。

【案】法之南北风气不同，其原因于政治地形不同，故生此差异。南部何以用罗马法？因罗马分东西为二。西罗马先亡，经法国人占据。因此，法之南部用罗马法因与西罗马相近；而北部则罗马之势力未及，故用惯习法。大约 300 种之分歧而不能一律，故北部惯习不能统一。

逮 1300 年之中叶，②代理人制度复蔓延于法国全部，乃使参与诉讼。特于有关刑事案件等，得不由被害人之起诉，于一定之情形（如命、盗案件之情形，被害人不出而起诉，代理人则起诉之是也），使为国家之机关，行后世检察官类似之职务，遂成惯例。此实，③于 1355 年（至正十五年）、1367 年（至正二十七年，元亡之岁）、1371 年（明洪武四年）等所布告之条文中常见之。虽然代理人制度非因此等布告同时施行全国，乃各地各以惯习渐次普及者也。④

1300 年代之中叶，代理人制度二次蔓延于法国（此言代理人之私人，而变为国家官吏之理由）。其事实上之理由，乃以当曰"奉行之数少，而职务日多"。因之国王一身使用人之性质，⑤一变而为国

---

① 腓力弗第五世：法国国王菲利普五世——Philip V（1294—1322 年），1316—1322 年在位。

② 逮：通"迨"，等到、及。

③ 此实：这一客观事实。

④ 惯习：习惯。

⑤ 因之：依据它。

家官吏之性质。

【案】因法国当时封建制度,战争之事日积,虽有司法官吏而无暇为之。因之,代理人遂代官吏之职。

其法理上之理由,一在刑事诉讼方式之变更,一为王政状态之迁移是也。

刑事诉讼方式之变更者,指法定证据主义之个人弹劾式,为自由心证及发现真实主义之纠问式所压倒也。

前此法国所采用者,①为法定证据主义之个人弹劾式。依此方式之诉讼法,非经被害人或其亲族之起诉,不得以刑事案件审判之(此指法定证据主义而言之),当依决斗(在法庭上两造决斗),②或探汤之类断定原被告之曲直(当时法律非有一定之证据或口供,不能决谳)。③故是时,无肯就原告官之职为刑事诉讼之当事者,行决斗、探汤等举动者(使官与被告决斗、探汤,则此时代绝无人为检察官者)。其与检察制度不能两立也,④明矣。且此法,对于被害人(指原告)亦有所不便。

---

① 前此:此前。

② 决斗:两个人之间有证人在场的、预先安排的、使用致命武器的正式格斗;两造:诉讼的双方当事人——原告与被告。而值得说明的是,在我国,一是1979年7月1日《刑事诉讼法》颁布之前,刑事诉讼中"被告人"与"被告"、"原告人"与"原告"混用;之后,统一为"被告人"与"原告人";二是1982年3月8日《民事诉讼法(试行)》颁布之前,民事诉讼中"被告人"与"被告"、"原告人"与"原告"混用;之后,统一为"原告"与"被告";三是1989年4月4日《行政诉讼法》颁布之前,行政诉讼中"被告人"与"被告"、"原告人"与"原告"混用;之后,统一为"被告"与"原告"。

③ 探汤:令两造探手沸汤之内,手伤者受败诉;决谳:刑罪的判决书。

④ 两立:同时并存。

盖前者既因犯罪受其损害及提起诉讼，①复须决斗、探汤；若有不利，则时或有诬告反坐之处分。②似此背理之法，又乌能永久继续之耶？！（以上言法定证据主义之弊害。）③

更由他方面观之，④有起于罗马之帝国时代、依中古之寺院法，⑤而发达之自由心证及发现真实主义之纠问式存焉（罗马分帝国、王朝、共和三时代，纠问式起于帝国时代）。此方式之诉讼法于案件之审判上，不以被害人或其亲族之起诉为必要（非个人弹劾式）。苟欲报知犯罪（不为原告人而为通告人），仅使其依告诉之方式，退决斗及探汤等类之法定证据；⑥而调查证人及证据对象，力求借此获得自由心证。舍形式之裁判，而取真实为本之裁判。彼此相较，利害得失，一目了然。

不知不觉之间，法定证据主义之个人弹劾式，遂为自由心证及发现真实主义之纠问式所压倒。此王之代理人于刑事案件，亦得有参与诉讼之情势矣。

【案】寺院法者，即奉耶稣教之庙宇有管理诉讼事件之权。起初不过人事诉讼。如结婚、生死、亲子、离婚之类；（之）后则范围推广民法上之事亦管理之。故其僧侣最知法律。

---

① 值得注意的是，新中国成立以前，有时"既"与"即"相通、不分。
② 诬告反坐：故意捏造事实向司法机关控告他人，使无罪的人被判有罪，或使有轻罪的人被判重罪，告人者要按其所诬告他人的罪受到惩罚。
③ 乌能：怎能。
④ 更：变更、又、再。
⑤ 寺院法：又称寺庙法、教堂法。它对世俗事务特别是婚姻家庭生活的干预，是随着教义的传播、教权的伸张和教令的统一而逐渐强化的。寺院法中有关婚姻家庭的主要内容以《新约全书》《使徒约章》《使徒教律》以及宗教大会的决议、教皇颁发的教令集等为依据。
⑥ 退：抛弃、离开。

盖其时战争甚多,无人能从事文学,①惟僧侣独能之。故当时古语云:"士手剑,僧手笔。"法国封建时代,僧之行裁判,以罗马法之罗马式也。如自由心证、发现真实主义行之。

王政状态之迁移者,指因权力之集中,变霸主之地位而为国王言也(法国封建时代,并无所谓"国王")。

当时德意志之霸王常与大诸侯争,因此其势权渐杀。②法兰西则不然,其霸主转有推倒诸侯权力之势。③

在1300年,即目法兰西霸主,④为全法国之摄政及代表者,⑤变霸为王;其一身上之事务,即变为法国之事务。⑥因此变化,从前为霸王一身之代理人者,此时自带有为国家之代理人之性质;从前为作霸王私财所监督之收赎及没收,⑦此时遂作为国库之收入而实行之矣。

在西历1300年,因诉讼方式之变化与王政状态之迁移,生为国家官吏之代理人制度,是为检察制度之第一期。如前段之所述者。但当时之刑事诉讼仍采用密行主义及书面审理主义之纠问式,刑罚多用没收及罚金。故此,国家代理人亦不似后之检察官,得提起一切之刑事诉讼,以原告之资格而参与之。不过为监督赎金及没收之执行是否正当、确实起见,而参与刑事诉讼耳。

【案】检察制度分为三期:⑧一则密行主义者,不许案外之人

---

① 文学:精通文献经典之人。
② 杀:缩减。
③ 转:改变、变为。
④ 即目:当时、当前。
⑤ 摄政:代替君主处理国政。
⑥ 一身:自己、自身。
⑦ 收赎:收购。
⑧ 检察制度:原文为"检查制度",查:通"察"。

自由入庭而听之也；二则书面审理主义者，据裁判官之下级官吏，如司法警察所报告，裁判官即据此以审理之也；三则现在所用，则须原、被两造出庭口头辩论，而决其是非。①

若书面审理，则不须原、被（两造）出庭也。

前述之制度，在1400年之中叶，尚未以成文法规定，仅就实际上以惯例普及之而已。

1400年（明永乐十一年）之第五世之布告、1453年（明景泰四年）第六世之布告，②虽具有改良法律之宗旨，而关于代理官制度之规则则未加入也。

【案】东罗马帝国之灭亡在1453年。当其未灭亡之先，僧侣虽管理民刑诉讼。此外，亦设有专官。

至1493年（明弘治六年）之第八世之布告及同年之第十二世之布告，③亦仅加入二三规定，余则委之于实际之发达。④

逮1500年，始有成文法设与较后之检察制度相似之职官名曰"公共吏"，实等于今日之检察官。而其规定，则1522年（明嘉靖元年）、1553年（明嘉靖三十二年）、1586年（明万历十四年）等数次之布告。

---

① 决：断定。

② 第六世：法国国王查理六世（Cha Jles Ⅵ，1368—1422年），1380—1422年在位。

③ 第八世：法国国王查理八世（Cha Jles Ⅷ，1476—1498年），1481—1498年在位；第十二世：法王路易十二世（1462—1515年）：1498—1515年在位。

④ 余：剩下的；委：委实；发达：发展。

及至革命之时止，①有效力之（规定），1670年（康熙九年）第十四世关于刑事之布告是也。②自是，先设检察官上下之阶级。③

1500年代中叶，配置于上级审判厅之检察官名曰"总检察官"，以下各级审判厅设相当之"检察官"；又有为其补助之"检察官补"及"代诉人"等职。④

1500年代以后，检察官之主要之职务，在实施刑事诉追（诉追者即公诉之准备提起实行）；⑤检察官补，监视诉讼之开始及进行；全体代诉人，专处理起诉之事务。然职务之范围，决不止此。除确保诉讼上之国库收入外，又代国家保障一般之公益、拥护法令、保护国民，对于寡妇、孤儿加特别之保护。⑥有时为补终审审判厅推事之不足，王命代诉人行推事之职，且使为与其性质全异之事。⑦如监视图书馆及法科大学、检查度量衡、决定面包代价，并有干预纯乎私事之例。

前条所谓检察官所担任之刑事诉讼之权限，比之今日制度尚多差异之点。而为法国今日制度之（法律规定）基础者，（系）"共和3年6月（名为'风月'）27日之法律"、"1810年4月29日之法律"及"1883年8月30日之法律"与其他附属法令是也。⑧

---

① 及至：等到；革命：即法国大革命，指1789年7月14日在法国爆发的资产阶级革命。随后，统治法国多个世纪的波旁王朝统治下的君主制，在三年内土崩瓦解。

② 第十四世：法国国王路易十四世（Louis XIV，1638—1715年），1648—1715年在位。

③ 是：此，此时；阶级：等级、阶层、群体。

④ 又：又如、再如，其转折作用。

⑤ 诉追：追诉。

⑥ 而窃以为，由此可见，拥护法令、保护国民，对于寡妇、孤儿加特别之保护以及下述"私事"等公益，属于检察工作的最初志趣。

⑦ 且：文言发语词，用在句首，与"夫"相似。

⑧ 基于上述分析，窃以为，法国检察制度的产生顺序是，先有检察官（国王代理人），再有检察机关及其内设机构，最后才有相应检察法的规定。

【案】由法国发达之检察制度,① 除英国法系之外,大概采用法国主义之检察制度。

今中国新定法律,究竟应用法国法系之检察制度与英国法系之个人弹劾之检察制度,此问题在第二章第三节"公诉之提起",再详言之。

---

① 发达:兴盛、充分发展。

本 论

第一章
检察厅之组织

【案】检察制度者,检察厅之组织其权限,及关于实施检察事务之一切规则是。即包有官厅组织及权限与事务章程。故其(即本论)顺序之理由,如此。

第一节 检察厅之配置

《法院编制法修正草案》第八十五条(原案第三十九条)曰:"凡通常审判厅(管理民事、刑事)应配置下列检察厅:第一,初级检察厅;第二,地方检察厅;第三,高等检察厅;第四,总检察厅。地方审判分厅、高等审判分厅及大理分院,配置地方检察分厅、高等检察分厅、总检察分厅。"

【案】《法院编制法》者,即《裁判所构成法》。因其名不甚谛当,而易之。① 盖《法院编制法》包有检察厅在内,而《裁判所构成法》不能包检察厅在内,其范围狭也。

此法(即《法院编制法》)起草于前年(光绪三十三年),今又少改易之,送至宪政编查馆,明年可实施之,包全国之裁

---

① 谛当:恰当、合适;易:更换、替代。同时,《(大清)法院编制法修正草案》,似乎曾有《(大清)裁判所构成法修正草案》的别称之嫌。

判所而言也。①

【附记】冈田此编适当《法院编制法》起草之初,②故引用各条均属修正草案,与颁定《法院编制法》多所不符。今仍其旧,以存实也。③

一审判厅必设一检察厅,似检察厅为审判厅附属之官厅。

【案】因区域同一,故与审判厅同设一处。《日本裁判所构成法》裁判所附置检事局,"附置"二字非也。④

然审判厅管掌民刑诉讼案件,检察厅管掌检察事务。
《编制法修正案》第九十四条(原案第五十条)曰:⑤"凡检察厅对于审判厅,应独立行其职务";同(法)第九十五条(原案第五十一条)曰:"凡各级检察官不分如何方法,不得干涉推事之审判事务及掌理审判事务。"可见审判厅与检察厅俱有互相不可侵之权限,为全然独立之官厅也。⑥

---

① 光绪三十三年:1907年;宪政编查馆:清政府为推行预备立宪而设置的机构。光绪三十三年八月改考察政治馆为宪政编查馆,直属军机处。下设编制、设计、官报三局,庶务、译书、图书三处。主要任务是办理奉旨交议的有关宪政折件及承拟军机大臣交付调查各件;翻译各国宪法、编订法规及考核各部院、各省政治情况等。宣统三年(1911年)五月清政府裁撤军机处,改设内阁,此馆随之撤消。裁判所:法院。

② 附记:正文末附加说明文字。

③ 仍其旧:一仍其旧,指与原来一模一样,不作修改;存实:保存真实。至于《法院编制法》初稿的具体内容,可参见本丛书第一卷之"附"的相关内容。

④ 非:不正确。

⑤ 《编制法修正案》:即中国《法院编制法修正草案》之简称;而原书常将中外法律(典)名称及其第×条简写,值得注意。

⑥ 全然:完全、全部。

【案】现在有不得已之情形，或检察官代审判官而行其职务，将来则断不可不区分各别。

前述《（法院）编制法修正草案》尚未有实施力，故直省中有另定《试办章程》者。①

《（法院）编制法修正草案》第八十八条曰："凡检察厅之设立及废止，由法部酌核奏定。其关于分厅者亦同，但不得违第八十五条及九十二条之规定"；第九十二条曰："凡检察厅之管辖区域与各该审判厅同"。

【案】前所揭两条之意义，再述于第二章中。②

第二节　检察官之定员、官等及俸给③

《（法院）编制法修正草案》第八十六条曰："凡检察厅置下列检察官：第一，初级检察厅置检察官一员或二员以上；第二，地方检察厅置地方检察长一员、检察官二员以上；第三，高等检察厅置高等检察长一员、检察官二员以上；第四，总检察厅置检察厅丞一员、检察官二员以上。"④

第八十九条曰："凡检察官定员由法部酌核奏定。"今法部尚未定一

---

①　直省：直属中央的省份；《试办章程》：《京师高等以下各级审判厅试办章程》或《各级审判厅试办章程》。

②　揭：揭示、标示、表明。

③　定员：人数、员额；官等：古时官吏就职能的高下所划分的等级；俸给：薪金、工资。

④　厅丞：最高检察机关之首脑、长官、法定代表人。

般员数、官等及俸给，故揭日本现行法以供参考：①

第一款　日本检事定员［明治三十二年（1899年）4月敕令第153号改正］：②

大审院检事局：检事总长1人，检事7人；

控诉院检事局：检事长7人，检事22人；

地方裁判所检事局：检事正45人，检事95人；③

区裁判所检事局：不置（检事）长，检事292人。

第二款　日本检事官等、俸给

大审院检事局：检事总长：敕任二级俸；检事：奏任二级俸乃至敕任三级俸。④

控诉院检事局：检事长：东京及大阪敕任三级俸或二级俸，其他敕任四级俸或三级俸；检事：东京及大阪资深者一人奏任三级俸乃至敕任五级俸，其他奏任七级俸乃至一级俸。

地方裁判所检事局：检事正：东京及大阪奏任一级俸乃至敕任四级俸；京都、横滨、神户、长崎、函馆、新泻、仙台、名古屋、广岛及熊本奏任三级俸乃至敕任五级俸，其他奏任五级俸乃至一级俸；检事：奏任十一级俸乃至九级俸。

区裁判所检事局：检事：奏任十一级俸乃至九级俸。

---

① 揭：列举。
② 敕令：帝王所发布的命令、法令或立法。
③ 检事正：检察官之一种。
④ 敕任：同"勅任"，天皇任命；奏任：推荐上奏任命。

第三款　日本判事、检事俸给金额表（单位：圆 / 年）①

敕任	一级	5000	奏任	一级	2200	六级	1200	十一级	600
	二级	4000		二级	2000	七级	1000		
	三级	3500		三级	1800	八级	900		
	四级	3000		四级	1600	九级	800		
	五级	2500		五级	1400	十级	700		

第三节　检察官之任免

第一款　检察官之任用

检察官登用、试验以与判事同为现今通例，②中国亦不得不然。《法院编制法修正草案》所预定者，如下：

【案】编云者，《法院编制法修正草案》之略词也。

第一百零六条　凡推事及检察官非经两次考试，不得任用。

第一百零七条　凡在直省法政学堂专习法律科三年以上领有卒业文凭，③或在外国大学或与大学同等之学堂专习法律科领有卒业文凭者，可受法官登用考试。在法科大学专习法律科领有卒业文凭者，以经第一次考试论。

《考试法官登用章程》由法部奏定颁行。

第一百零八条　凡应第一次考试及第者，分发初级审判厅及检察

---

① 上表所列，皆以圆计。日本每百圆当中国 90 两白银。
② 登用：举用、录用；试验：考试；判事：法官。
③ 卒业：修毕学业、毕业。

厅学习，①以两年为限。学习推事应受管辖地方审判厅厅丞或推事长之监督，学习检察官应受管辖地方检察长之监督。

第一百零九条 凡学习推事之品行、性格，管辖地方审判厅厅丞或推事长（出具切实考语）；学习检察官之品行、性格，管辖地方检察长出具切实考语，启呈法部。

法部鉴别其劣者，得随时罢免。《罢免细则》于《考试登用法官章程》定之。

第一百一十条 凡在初级审判厅学习满一年以上者，得由该厅监督官派令掌理特定司法事务，但不得审判诉讼及非讼案件并管理各注册事宜。②

在初级检察厅学习满一年以上者，得由该厅检察官派令掌理特定检察事务，但除第九十八条之时不得代理检察官。

第一百一十一条 凡学习人员，应第二次登用法官考试及第者。作为候补推事、候补检察官，分发地方以下审判厅及检察厅听候补用。③

第一百一十二条 凡为直省法政学堂教习或律师历三年以上者，④得免考试，作为候补推事、候补检察官。

第一百一十三条 凡候补推事及候补检察官，不拘年限，遇有缺出即行奏补，⑤惟须先补初级审判厅推事及初级检察厅检察官。

如候补逾三年以上者，遇地方审判厅推事及地方检察厅检察官出缺，亦可酌量奏补。

第一百一十四条 凡地方以下审判厅或检察厅遇有缺出，由法部

---

① 分发：分配；学习：实习。
② 非讼案件：亦称非诉讼案件，指利害关系人在没有民事权益争议情况下，请求法院确认某种事实和权利有无的案件。
③ 候补：待补缺额。
④ 教习：教师、老师。
⑤ 奏补：上奏补缺。

得于前条之限制内,以候补推事或候补检察官一时补缺。①

第一百一十五条　凡有下列事项(之一)者,不得为推事及检察官:一因剥夺公权丧失为吏员之资格者;二受徒刑三年以上之宣告者;三破产而未偿债务者。

第一百一十八条　凡补高等审判厅推事及高等检察官者,须有下列之资格(之一):一为推事或检察官,历五年以上者;二为直省法政学堂教习或律师五年以上,而任推事及检察官者。

第一百一十九条　凡补大理院推事及总检察官者,须有下列之资格(之一):②一为推事或检察官,历十年以上者;二为直省法政学堂教习或律师十年以上,而任推事及检察官者。

第一百二十一条　凡前两条所揭年数,停职及改职中不得算入。

第二款　检察官之罢免

检察事务不入于司法事务之内,而入于行政事务之内。故检察官罢免之法,有与(其)他行政官不甚差异者。

然于实际上,欲厉行检察事务而巩固检察官之地位,不可无保障之法。故中国《法院编制法修正草案》对于检察官之地位,俾受与推事同等之保障。③兹列如下:

【案】此较外国法律为进步。盖检察官虽系行政官,使实际上不得如推事之受保障,则安心以办司法之事体者,④少矣。

第一百二十二条　凡推事及检察官,如因精神衰弱不能尽职,在

---

① 一时:一起、一个时期。
② 大理院:官署名。清光绪三十二年(1906年)改大理寺为大理院。
③ 俾:使。
④ 事体:事情。

外，经高等审判厅厅丞、高等检察长查实，会同提法使申报法部奏请退职；① 在内，由大理院卿会同法部奏请退职。

第一百二十三条　凡各级审判厅及检察厅如有更改或废止时，② 所有裁缺推事及检察官，法部奏请给以全俸、遇缺即补。

第一百二十五条　凡法部对于推事及检察官不得勒令调简、借补、停职、免职及减俸等事，③ 惟有下列情事（之一），不在此例：一关于第一百二十二条及一百二十三条所揭事宜者；二系候补推事及检察官尚未补缺者；三惩戒、调查或刑事控究上，④ 律例令其停职者；四出于刑法之宣告或惩戒之处分者（惩戒处分即因品行不正，而受惩戒裁判者）。⑤

第四节　检察官之代理官及补佐员

补助检察官而执检察事务者有两种：一则非检察官，而于犯罪上有与检察官同一职权者；二则承检察官之指挥命令（如有紧急事故，可用电话及口头；如关于搜捕及查封等，则非有公式文书不可），而为其手足者是也。兹暂名前者曰"代理官"，后者曰"补佐员"。

【案】补佐检察官之人，有不尽系官者。如日本之警部警视、警部补等，固可称之为官；如巡查则非官，亦检察之补佐者，故

---

①　法部：官署名。清光绪三十二年（1906年）由刑部改称；提法使：清末一省最高的司法行政长官。

②　更改者，即将旧设之审判厅或检察厅分合及裁并之谓也；废止者，则将原有之审判厅或检察厅全行消灭之谓也。

③　调简：调用简选；借补：用补充缺额的名义授予某种官职——明升暗降。

④　控究：指控追究。

⑤　刑法：刑罚；宣告：宣布、公告。

可称补佐员，不可称补佐官也。

第一款　检察官之代理官

关于此种官吏，中国未有一定规则。今以日本之例言之：

第一，警视总监；

第二，除东京府知事外，余地方长官（即府知事及县知事）等。虽非检察官，但于搜查犯罪上，各在其管辖地内有与地方裁判所检事局检事同一权限（《日本裁判所构成法》第47条）。

将来中国采用此类规则与否，今日未得逆睹之也。①

第二款　检察官之补佐员

日本检察官之直接补佐：一司法警察官；二司法警察吏；三巡警；四宪兵卒。今中国采订，如下：

《法院编制法修正草案》第一百零四条曰："凡各检察厅检察官得调度司法警察。各《检察厅调度司法警察章程》，法部会同民政部奏定颁行。"

以日本现行法言之，下列各员应承检事之指挥命令为其补佐，而实施司法警察事务、搜查犯罪（《日本裁判所构成法》第47条）：

第一，警视、警部长、警部、警部补；

第二，宪兵将、校、下士；

第三，岛司；

第四，郡长；

第五，林务官；

第六，市町村长；

第七，船长（但以海船之船长及船内之犯罪为限）。

---

①　逆睹：预见。

【案】关于搜查事务之说，见第二章"检察厅之权限"中。

第五节　检察厅书记课

《（法院）编制法修正草案》中有言，凡各审判厅及检察厅附设书记课。

书记课掌所属审判厅及检察厅下列事宜：一往来；二会计；三文牍；四录供及编案。①

各检察厅书记课宜酌置之，录事等官亦应据《（法院）编制法修正草案》所定。

---

① 往来：交往；文牍：公文信件；录供：记录当事人的供词；编案：管理案卷。

第二章
检察厅之权限

第一节 概 论

凡统治机关于实施统治作用，皆有一定之范围，此即所谓管辖。可分之为三：一曰事务管辖，一曰职务管辖，一曰土地管辖。①

事务管辖者，指因对象之性质及分量而定之管辖而言；② 职务管辖者，因执务之方向而定之管辖而言；土地管辖者，指因土地之区域而定之管辖而言。

【案】例如，邮传部所管邮船、电报则为事务管辖；而邮政之送达邮件之配置，则职务管辖是也。

检察厅之管辖亦有此三种之别，大略如下：

第一款 检察厅之事务管辖

检察厅所管辖之事务有关于诉讼者，有关于诉讼以外者。关于诉讼者之中，有刑事与民事之细别；关于诉讼以外者之中，有非讼事件与行政事务之细别。

【案】以下举日本之例言之，将来中国定检察厅之事务管辖大

---

① 土地管辖：亦称地域管辖。
② 分量：通"份量"，大小、轻重。

概不出乎此。日本之分类与西洋各国大略相同。

甲、关于刑事诉讼

检察厅所管辖之（刑事诉讼）事务，为公诉事宜及执行裁判事宜之两种（详第二款职务管辖中）。

【案】公诉者，具体的确定科刑权之有无及其范围之诉是也。

乙、关于民事诉讼

检察厅所管辖之（民事诉讼）事务，如下：

第一，代表审判厅为民事诉讼之当事者；

第二，人事诉讼以特定之情形为限，为其当事者［明治二十三年（1990年）6月法律第13号《人事诉讼手续法》］；

第三，禁治产宣告之请求（《日本民法》第7条）；①

第四，会同下记各项之人事诉讼：② ①关于公之法人之诉讼；③ ②关于婚姻之诉讼；③关于夫妇间财产之诉讼；④关于亲子或亲子之分限，及其他一切人之分限之诉讼；④ ⑤关于无能力之诉讼；⑤ ⑥关于养料之诉讼；⑥ ⑦关于失踪者及相续人亏缺之诉讼；⑦ ⑧关于证书之伪造或变造之诉讼；⑨再审。

---

① 禁治产：禁止管理财产。指对于无民事行为能力人和限制民事行为能力人或有酗酒、吸毒、赌博和胡乱奢侈消费等恶习的人，禁止其进行财产管理的约束制度。

② 会同：包括。

③ 公之法人：公证机关。

④ 分限：界限、区别、权限、上下尊卑的差别。

⑤ 能力：行为能力。

⑥ 养料：抚养、赡养。

⑦ 相续人：继承人。

丙、关于非讼事件

检察厅所管辖之（非讼事件）事务，如下例：

第一，干预民事非讼事件。例如，《日本非讼事件手续法》第 46 条、第 49 条但书、第 51 条、第 52 条、第 59 条、第 68 条、第 91 条、第 95 条、第 110 条是也。

第二，干预商事非讼事件。例如，同法第 134 条、第 207 条是也。

第三，得会同外国人遗产之封印或开印之事［明治三十二年（1899 年）7 月 8 日司法省令第 40 号（法律）第 4 条］。①

丁、检察厅所管辖之行政事务

（检察厅所管辖之行政事务）可细分为二：一系检察厅内部之行政事务，一系检察厅以外之行政事务。前者让第三章说明之，此但言以外之行政事务。②

纯然行政事务，以属于检察厅之管辖为得策者，③虽直就其国其时之情形以为损益，未可一概论定。然如下记各项所揭者，无论何国，使属之于检察厅之管辖，亦无不可：

第一，对于不良少年令其受感化教育之命令，并监视其实施之事。

【案】如私人所设之感化院，检察官虽不能指挥命令，然不监视其实施之事，则其方法之良否不可得知。

监视实施之事，如感化院，有国立者，有公立者。然政府所立不如地方所立，或有志者之私立尤妙，④何也？外国人考究公立国立之感化院，经费多而成绩少，因国立公立办事之官吏不如志

---

① 封印：封缄加盖印记；开印：打开封印。
② 但：只、仅。
③ 得策：谋略得当。
④ 妙：绝妙、妙处。

士之热心也。费不足，国家资补，尤妙。

不良少年有两大区别：一实施刑法上之犯罪行为者；一虽未实施犯罪行为，而品行不良有其危险者是也。凡此等少年之从事于感化教育，本其父兄之义务，且亦父兄之权利也。

然就实际上观之，此等少年多无父兄者。否则，有父兄而不能予以适当之监督者，若放任之社会将不免大受其害，故不可不由国家采一切当之处置。所谓切当之处置者，即勒令其受感化教育是也。

【案】《大清刑律草案》规定，未满16岁没有责任能力。故此"讲义案"有实施犯罪行为之说。此不负责任之说，颇多反对之者。然皆不知此立法之义——因未满16岁之人虽犯罪而不有责任，然非放任之，亦须勒令受感化教育也。

勒令其受感化教育之途有二：一由审判厅命令之。即少年实施犯罪行为，检察官认其已达责任年龄而提起公诉。然审判厅则仍以为无责任能力者时，即由审判厅按其情节，命受感化教育可也；一由检察官命令之。即实施犯罪行为，而在检察厅尚未认其有责任能力之少年，及有犯罪之虑而尚未实施之不良少年，按其情节，直接由检察厅勒令其受感化教育可也。

【案】使犯罪减少之方法有二：一感化教育，二累犯者之特别处分，皆刑事政策之最要者。
此事务（对不良少年进行感化教育）使悉属之于警察官厅之处分，则不足以昭慎重（因警察官办事专用单简敏捷，因使不良少年受感化教育须审慎而不可轻率也）；属之于审判厅之管辖，又有过于慎重之病。且决定应否即提起公诉，须就其情形考察者不

鲜，故原则上似宜属之于检察厅之管辖也。

第二，对于懒惰之浮浪者勒令劳动，并监督其实施之事。

【案】减少浮浪者之根本办法，一为教育之普及，一为经济之改良。

外国所立公立媒介业务场，不收他人酬谢。或欲谋事者，以一信达之，即予谋事，亦减少浮浪者之一端也。

浮浪者，指无可支持生活之资产，并不从事正业者而言。

【案】正业者非道德所许可，而法律所许可之；丑业、贱业亦可以"正业"二字包括之。

有资产者而不从事正业，法律上亦不认为浮浪者；惟既无生产又无正业者，乃谓之浮浪者。

（浮浪者）可分之为三种：一不能执业者，一不得业者，一不欲执业者是也。三种之分别，即处分浮浪者之标准：
第一种之浮浪者（身体不具或有病），不可不设救济场以保护之。
第二种之浮浪者（能执业而不能自己谋事者），不可不讲求授产策以救护之。①

【案】例如，公立媒介场，日本俗语谓之"口入业"。私人所立，为己之念重，不如公立之为愈也。
第三种之浮浪者（性情懒惰），不可不投诸劳动场以改良之。

---

① 产策：生产策略或办法。

而第一、第二之事宜，检察厅无干预之必要；第三之事宜，与前段关于感化教育所述同一理由，似宜属之于检察厅之管辖也。

【案】西洋历史与日本同，而处分浮浪者亦颇费事。

罗马时代，曾有优待之法，而给以衣食。

至中古时代，亦有残酷浮浪者之方法，而合无数之浮浪者而杀之。

总之，浮浪之人日多，原于区别处置之法不得其宜耳。以上三种特就浮浪者之情形治之根本，治法国家能于道德、财政上注意，而浮浪者可减少之。

第三，命令危险之精神病者之监置处分，① 并监视其实施之事。此事宜之应归检察厅管辖之理由，与前两段同。

【案】文明各国有精神病者犯罪，均不负责任。因其犯罪之事乃其病之作用。故东西各国均有精神病院之设，其监置处分等归检事任之。

第四，从法律所定之区别，② 干预对于推事之惩戒、审判之事（检事仍立于原告之地位，与平日之行职务同）。此点应参照《日本判事惩戒法》[明治二十三年（1890年）8月20日法律第68号]第17条、第19条、第25条、第26条、第28条、第32条、第38条等。

【案】检事如有不法不当，无特别之惩戒法，亦用普通行政官

---

① 监置：监管安置。
② 区别：固有差异。

之惩戒法。日本如此，中国将来或另定一检事惩戒法亦可。

第五，从法律所定之区别，监督律师之事。此点应参照《日本辩护士法》[明治三十六年（1906年）3月3日法律第7号]第9条、第23条、第29条、第31条等。

【案】日本各地方均有各地方之辩护士会。某地之辩护士即应守某地辩护士会之章程，而所属地方检察长监督之。将来法律日见发达，人民不能尽知；讼棍虽略知，①而多舞弊。不如国家明许以法律为业之人为律师，而适可以保护人民之权利。

以上所述关于检察厅之管辖事务，列记应注意之点如下：
一则凡检察厅牵联审判厅所管辖之事务而实施检察事务时，不问其系刑事诉讼案件、民事诉讼案件抑系非讼事件，以由配置其审判厅之检察厅检察官担任之为原则（参照第二章）。例如，初级审判厅所管辖之轻微事，则应配置初级审判厅之检察厅检察；如重大之第一审归地方审判厅，则亦归配置地方之检察厅。
二则然检察官乃上下合体而组织之一个检察机关，非如审判官之人各独立也。故由甲检察厅着手之事务，半途发现属于乙检察厅之管辖时，不用管辖错误之办法，用案件送付之办法可也。②由此关系观之，各级检察厅之间，谓其有分业之法而无纯然之管辖，亦无不可（可对照第三章之说明）。例如，犯罪地在上海，犯人逃至天津，则天津为犯人所在地。北京审判厅不能管辖，但批驳其诉状而已。如检察厅则不然，北京之检察厅虽不能管辖，而必将其文书送付于天津、上海而后

---

① 讼棍：指挑唆别人打官司借以从中牟利的人。
② 送付：移送、移交。

可以，检察厅本一个机关也。

三则关于纯然之行政事务，待法律之所特定，始得知管辖检察厅之所在。按之日本现制，律师之监督由其所属地方检察长行之；惩戒判事之裁判由其判事奉职之裁判所之检事局检事干预；关于感化教育、强制劳动及监督处分之命令，日本尚无完全之规则，但实际上似可用地方检察长之命令。

第二款　检察厅之职务管辖

职务管辖者，指因职务之方向（如何办其职务之方法）而定之管辖而言。

如前述，审判厅于诉讼审判厅与执行审判厅及一审审判厅与上诉审判厅之间，虽有判然之别，而检察厅则如就其事务管辖所述之情形，关于职务管辖亦有分业之事，而无纯然之管辖之事。但执务之方向，得分类之如下：

【案】诉讼审判厅与执行审判厅，就民事诉讼而言，刑事无之。民事上一定裁决之执行，于区裁判所管辖之。

甲、关于刑事诉讼

检察厅应执之职务之方向，关于其所配置之审判厅管辖之刑事案件之公诉，得并准备、提起、实行与裁判之执行，而分为四种；上诉事宜，亦在实行之中（如下图4所示，详本章第二至五节）。

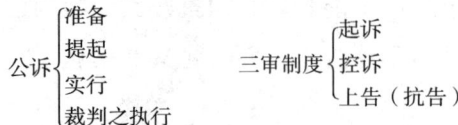

图4　左起：公诉工作和三审审级示意图

乙、关于民事诉讼

第一，代表审判厅为民事诉讼之当事者时，《日本裁判所构成法》第142条仅准其立于被告之地位。按之中国《法院编制法修正草案》第九十一条所预定，则并准其立于原告之地位也。

【案】检察官为被告者。例如，夫妇之一方对于他之一方而提起婚姻之诉讼，而主张无效者，被告当死亡时，检察官代其为被告之类；人事诉讼法尚未规定，而关系于社会、国家者最重。

——被告之地位。例如，审判厅购买物品而其代价不如卖主之意，则可告诉审判厅。而代表审判厅者，则检察官也。故曰"立于被告之地位"。

——审判厅无债权债务之资格。有之，则国库而已。若诉于特别会计之范围内，亦可有之，而以检察官代表而已。

——债权者之原告。在日本，惟会计官吏有之，而裁判所不能。但既许其有被告之资格，则不能不于特别范围内，许其有原告之资格。此于会计法有密切关系。此中国《法院编制法修正草案》所以胜于日本者。

第二，干预人事诉讼时，从法律之所定，有为原告时，有为被告时者。例如，夫妇婚姻，检察官以为违背民法主张其契约无效，故可为原告；再如，夫妇关系有无应取消或不取消、不应取消而取消者，则可以检察官为被告。

第三，禁治产之请求时当为原告，① 自不待言。利害关系人不请求

---

① 禁治产：禁止管理财产。指对于无民事行为能力人和限制民事行为能力人或有酗酒、吸毒、赌博和胡乱奢侈消费等恶习的人，禁止其进行财产管理的约束制度。

时，检察官代表公益而请求之。

第四，会同民事诉讼时，为公益起见，仅陈述其意见而已，非为原告，亦非为被告。①

丙、关于非讼事件

检察官有仅会同其事件而止者（例如，《日本非讼法》第46条），② 有立于请求者之地位者（例如，同法第51条、第59条），有受通知而止者（例如，同法第49条、第52条），有为抗告提起者等（例如，同法第91条、第95条、第100条）。

丁、关于行政事务

检察官于可发命令之时，不可不行调查与断定及实施之监视；于判事之惩戒、裁判，宜实施恰如刑事诉追之行为（该法第17条以下）；于律师之监督，得会同律师会及行惩戒、诉追。

第三款　检察厅之土地管辖

《法院编制法修正草案》第九十二条云："凡检察厅之管辖区域，与各该审判厅同。"

而审判厅之管辖区域，据同案十一条由法部酌核奏定。故由法部奏定审判厅之管辖区域时，同时其所配置之检察厅之管辖区域亦定。

【案】外国之管辖区域，皆以法律定之。因法律必经议会协赞，③ 而管辖区域与人民之权利有密切关系。

今中国尚无国会，则法律与命令如何区别，尚无一定之点。

---

① 而窃以为，由此可见，检察官参与民事公益诉讼时，既不是原告，也不是被告，而类似于我国现在所称的"公益诉讼起诉人"。

② 止：表达主张、诉求。

③ 协赞：协助。

故便宜上则由法部奏定之。①

同案第九十三条云:"凡遇紧急事宜(详诉讼法,即法律亦不能规定之),得于管辖区域外实施其职务。"此乃对于前条原则之例外,本乎检事为一体之法理,对于分业法加以限制,使得为紧急处置之宗旨。

【案】紧急事宜。例如,检察官因临检何事而至其非管辖之区域内,发现一现行犯,则亦可以拘捕而实行其职务。

第二节 公诉之准备

检察官之职务涉及民事、刑事、行政、国际各法,其范围甚广。而常以关于刑事法,为其最重要者。②

【案】检察官之职务关于刑事甚多,以刑事非检察莫属也;其关于民事、国际、行政,视各国之法律如何,亦可不属检察官者。

关于刑事法之检察事务,以公诉事宜为其中心。公诉事宜之第一着手,在提起公诉之准备上,实施其必要之行为。

【案】证明犯罪适用刑罚之诉,谓之公诉。此非学问之定义,不过简便以解释之耳。

公诉者,此诉权专属之于国家。其所以属于国家之理由,让

---

① 便宜:方便、适当。
② 而窃以为,由此可见,检察官职务并不限于刑事诉讼活动;公诉也只是其刑事诉讼职务中的重要者。

第三节详之。

属于法国法系之诉讼法，准备公诉之行为可分为二：一为行于起诉前之搜查处分，一为行于起诉后公判前之预审处分。前者属于检察官之权限，后者使属之于预审推事之权限（德意志、日本皆然，中国新定法律却不可盲从之）。

然检察官提起公诉之后，于公判推事开始公判前，另由预审推事之特别常置之审判官实施预审处分，所得不偿所失。在外国，有识者早主张废止此制。中国修订法律馆有鉴于此，在外国名为预审之处分，中国则采用起诉前使检察官实施之方针。故本节合法国主义诉讼法之所谓搜查处分与预审处分，①说明之。

例如，有人犯罪经司法警察吏报告于司法警官，再经司法警察官搜查之而报告检察官，始由检察官报告预审推事，凡经三次搜查。盖预审之事即搜查之事，然预审可用强制行为，而搜查不可用强制行为。此制根于法兰西之历史，于法理上无何等理由。因法之检察官滥用强制行为蹂躏人民权利，故使检察官无强制执行之权。此在法国固有此等弊端，是非法之咎而人之咎也，②不可以混同。视之检察官与预审推事同一搜查行为，何以不任检察官而任预审推事？此无理由之可言也。

预审推事之弊害者，检察官所搜查与预审推事所搜查大概同一。不过检察官无强制力，故有时检察官借用其权力。倘使此权力亦移之检察官，则预审推事可为之事，检察官亦能为之。且被告有时愿受公判，而对于预审之供述往往于公判时全反之。③观此可见搜查之事，不免与检察官重复。因有此种弊害，故预审之事不如赋予检察官之

---

① 合：针对、聚集。
② 咎：怪罪、过失。
③ 反：反悔。

为当也。[①]

搜查处分归检察官，而预审之搜查则曰预审。此主义中国之刑事诉讼法不采用。故合搜查、预审而言之。

【附记】颁定《法院编制法修正草案》及《各级审判厅试办章程》所规定，均以起诉前之搜查处分属于检察官之权限；起诉后公判前之预审处分，属于预审推事之权限，仍采法国法系，即日德主义。

而冈田谓中国法律馆采用起诉前使检察官实施预审之方针，殊与不符。盖以此编之出系在《（法院）编制法修正草案》及《（各级审判厅）试办章程》颁订以前也。然冈田反对法国法系，历抉其弊，以下各节均本此反复声明，并有所谓中国新主义者，亦殊足以较利弊证得失也，学者于此最宜注意。

第一款　搜查处分

甲、搜查处分之定义

据法国主义诉讼法下定义时，搜查处分者，断定起诉、不起诉之必要上，获得其材料之办法也。

然自中国刑事诉讼法所拟采用之主义观之，搜查处分不但断定起诉、不起诉，又不可不谓为断定应否开始预审办法之必要上，获得其材料之办法也。或者曰，搜查处分与预审处分若俱属之于检察官，岂此两者竟无分别之必要乎？不知开始预审办法时，对于人及物不可不许用各项强制处分。

强制处分使他人受损害者不鲜，故值有罪之嫌疑其根据未深之际，即许用外国法之所谓预审办法（强制办法），甚属危险。

将来中国虽将搜查与预审俱属之检察官之权限，然其次序则拟待

[①]　当：妥当、恰当。

搜查处分既毕之后，始实行预审处分也。

【案】立宪国家之大原则不妄蹂躏人民之自由，①亦不妄限制官吏之权力，于其中而定为法律。此搜查处分当于嫌疑似深非深间，定其办法也。

因搜查、预审合一，则官之权力太大，不免蹂躏人民权利，立宪国家所不许之。盖宜用折中办法，有罪之嫌疑未深，则不许用强制办法；若既深，则不妨用之。一恐蹂躏人民权利，一恐不得达也。②

乙、搜查处分之范围

搜查处分，以决应否开始预审办法及应否直提起公诉为宗旨（此中国所拟采用之主义），而实施下列各项事宜：

第一，辨识有无（具）备犯罪性质之事实。例如，遇有死者之际，辨识其系病死抑系变死之类。③可对照本项其他之说明。

第二，有犯罪行为时，辨识其犯人。

第三，辨识诉讼条件（即已经起诉而诉讼能否成立之条件）具备与否？诉讼条件开列于下：

一则有审判权（如有领事裁判权之人民，中国之审判厅无审判权）。

二则有管辖权（既有审判权，尚须视其犯罪地与所在地之区域是否有管辖权）。

三则有当事者能力（为刑事原告之能力，惟检察官有之；有无为原告或被告之资格）。

---

① 不妄：不能随便行事。
② 达：达到、实现（搜查、预审目的）。
③ 辨识：辨别认识；变死：因灾祸而死。

四则当事者或代理人有诉讼能力（可以有亲身实施诉讼行为之资格。如小儿未成年应承继财产，是有当事者能力；然不能亲赴裁判所诉讼，是无诉讼能力）。

五则尚未有权利拘束（已起诉而未决定之情形——既诉状态及确定判决一事不再理，[①]非不准提起上诉之谓也，于确定后不准再理之谓也）。

以上五种非辨识之，起诉、不起诉不能决也。

【案】前四（则）条件为积极的条件，五（则）条件为消极的条件。

第四，保全嫌疑人。

第五，保全证据。

实施以上各项事宜之限度，当以辨识足以决断应否开始预审办法，及应否即行提起公诉之事实为率。[②]

丙、搜查处分实施之方法

搜查处分为辨识前段列记事宜起见，原则上不许用强制处分。盖值有罪嫌疑之根据未深之时，[③]务以不损害他人为宗旨。因此，原则遂有下列之结果，或者谓刑事案件之搜查不可不用强制手段，而实不然。但须司法警察之学日精、侦探之术日密，则不用强制手段亦可：

第一，经承诺时，得使嫌疑人或证人同行至（检察）厅，并讯问之；

第二，经承诺时，得实施搜取证据所必要之一切行为；

---

① 权利：实应权力，旧中国"权利"与"权力"通用。
② 率：标准。
③ 值：当。

第三，得照会公务所，^①而求必要事宜之报告（《日本改正刑事诉讼草案》第 228 条）。

于前段所述有一例外，如遇紧急时，当迅速处置之情节时，于搜查办法尚得加以强制方法，且其情节可予以（刑事）诉讼法规定之。现今之通例，大略如下：一则于现行犯人，得即时勾引之；^②二则证据材料如有湮灭之虞时，^③得用强制方法以保全之（例如，杀伤案件之血痕，如房之主人欲扫去之，可使警察官暂行封闭其屋是也）。此等细末之办法，均可规定于（刑事）诉讼法。

丁、搜查机关

搜查为起诉之准备行为，故其机关当用担任公诉事宜之检察官。

然以有限之检察官必不能实施无限之搜查事务，不得不设代理（官）及补佐人员。此所以设置第一章第四节所记各官也。该节所述警视总监、东京府知事外，之地方长官等代理官于其管辖区域之内，得享有地方检察官同等之搜查权。故非立于检察官指挥命令之下，为其补佐也。反之，司法警察官则当受检察官之指挥，司法警察吏亦当受检察官及司法警察官之命令，为从事搜查各务之补佐（人）员。

【案】职权与官品不宜混同。例如，一二品之大员因事具讼于审判厅，则推事虽五六品，亦当受其指挥。

以日本论，检事有七品者，而司法警察有则四五品者，亦当因职权而受检事之指挥。故检察官亦有命令权，此官品与职权分别之例也。

---

① 照会：通知。
② 勾引：有刑事被告事件，为讯问不明，而引致其人于裁判所之谓也。因此，类似于现在的拘传。
③ 虞：预料、忧虑、嫌疑。

更如贵胄有爵位者入伍充兵，亦当服其佐尉之指挥。

此益足见职权与官品之不可合而不分也。

检察官与补佐（人）员事务上所应遵行之办法，于各案件之情节不能预定，但大略如下：

第一，由检察官认知犯罪及犯人时，①得即实施紧急处分，而后指挥或命令补佐（人）员实施（其）他之必要处分。

第二，由补佐（人）员先认知犯罪及犯人时，亦得实施紧急处分，而后报告检察官，受其指挥命令实施其他残余之处分。

戊、认知犯罪及犯人之径路

检察官及其补佐（人）员认知犯罪及犯人之径路，有出于自动的与他动的之别。

自动的认知之径路可分为两种，如下：一目睹现行犯，一非现行犯之发现。

他动的认知之径路者，受自首、告诉及告发是也。关于此等犯罪之通告，可采用如下所列之规则：

第一，（接受受自首、告诉及告发之）人。自首（由犯人所行）、告诉（由被害人及其他有权人所行）、告发（由第三者所行），检察官、司法警察官皆当受纳。

第二，（受自首、告诉及告发之）地。当于被告人所在地或自首人、告诉人、告发人所在地行之。

第三，（受自首、告诉及告发）方式。或用书面或用口述，均可；但吏员所告发者，则当用书面。至他之用口述以自首、告诉、告发者，

---

① 认知：心理学上指个体经由意识活动而对事物产生认识与理解的心理历程，发现。

受理之吏员或其他之当该员当作调书（录供文书）。①

第四，在亲告罪，②于原则上当令被害人告诉之。但当以法律规定此为例外之情形。

【案】亲告罪者非由被害人或其他有权人行告诉，检察官不能提起之犯罪是也。如奸通罪，非本人不能告诉；侮辱罪，非受侮者不能出为告诉是。皆检察官不能提起公诉者。

现在外国不因自首、自白而下判决，③即系犯人自首亦当调查证据而判之。如罚金、轻微之罪，可因自白而判决；如拘留以上，则非自白可定其犯罪。盖真实情形非调查不可也。

己、搜查处分终结之办法

终结搜查处分时，宜行之办法有四：一曰搜查中止之办法，二曰送致于该当检察厅及其他官厅之办法，④三曰开始预审之办法，四曰提起公诉之办法是也。而主任承办搜查，如下图5所示：

承办之主任 { 受命者……办主任之一部分事宜
受托者……如天津检察官托北京检察官所办之事是

图5　主任承办搜查示意图

第一，搜查处分之中止。搜查之结果有下列各项之事实时，即当中止其处分：①被告之行为不作为犯罪者及全免刑罚者；②既经确定

---

① 当该：该当，应当、应该、职掌；调书：调查书写。
② 亲告罪：指受害人告诉才处理、不告诉不处理的犯罪。
③ 自白：罪犯向审判官陈述自己犯罪之行为而不讳。
④ 该当：当该，应当、应该、职掌；送致：移送、解送。

判决者；③犯罪后因改正法律为无罪者；④经恩赦者；①⑤因时效公诉权消灭者（就刑事法而言，如公诉权、行刑权因经过一定之岁月而消灭。此但指起诉权言之）；②⑥被告人死亡者；⑦亲告罪之未经告诉者及取消告诉者；⑧被告人不服中国之审判权者。

【案】刑事时效者，因为法定之期间既经过，起诉权及行刑权消灭之制度是也。

以上八种之事实，有其①—⑥者时，全无续行搜查处分之必要（事实不的确，③亦可搜查）。但关于其⑦及其⑧，因其情形，虽续行搜查处分亦可（事实虽的确，亦可搜查）。既经提起公诉时，应由审判官命收取证据。然检察官之搜查权非因此消灭也，故检察官亦得行认为必要之搜查行为。

【案】关于权力拘束，既诉状态可否消灭检察官之搜查权之问题，如上。

第二，送致该当官厅之办法。搜查之结果有下列各项之事实时，其案件应送致各该当官厅：

一则属于（其）他检察厅之事务管辖或土地管辖时，当送致其事件于该当官厅。关于此等情形，有一应注意之点——检察厅之有事务管辖及土地管辖之规定，系为分业之必要起见。自其本来之性质言之，检察官乃合上下而为一体者。故送致案件时，不似审判厅之用管辖错

---

① 恩赦：帝王登极等大庆时，下诏赦免罪犯。
② 时效：即追诉时效，指刑法规定的司法机关追究犯罪人刑事责任的有效期限。
③ 的确：完全确实、毫无疑问。

误之办法，而用案件送致之办法，且行送致前一切紧急必要之处分，不可不将报告一并送交当该官厅。①

二则案件若属于军人审判所等特别审判厅之管辖，不属于通常审判厅之管辖者，则送交其官厅。于此情形，凡紧急必要之处分，仍不可不由检察官行之。

三则案件系违警罪时，② 送交管辖警察厅。

四则被告人若不服中国之审判权（或因条约、或因惯例、或因有领事裁判权国之人民），有送致其所属国之官厅之必要时，不可不实施其办法。

【案】此等事本由警察官之送交，若事已至检察厅则检察官亦当送致。

第三，预审之开始。不用强制方法之检查处分，而获得充分提起公诉之证据时，可不行预审直提起公诉，如下面所述者。然就实际考之，非用强制方法不能收集充分证据之时为多。是以，③ 复有准用强制方法，开始预审办法之必要。

在法国法系诉讼法之规则，预审由检察官于提起公诉之后，令预审推事行之。故于预审所有强制力之命令，原则上非预审推事不得发之（但例外检察官亦有发者）。中国舍此主义，拟采检察官管掌预审之主义，故其方针于预审开始之后，与检察官以得发有强制力命令之权力。

检察官于搜查处分移于预审处分之办法，现虽为起草委员研究之问题，尚无成案。但如下所记之方法，似可采用：

---

① 当该：该当，应当、应该、职掌。
② 违警罪：以违警刑处罚的行为；违警刑，即治安处罚的旧称。
③ 是以：因此，所以。

【案】搜查处分变为预审处分，必有种种方法，如下列是也。

一则地方检察官于搜查处分终结之时，附自己之意见申报地方检察长；受其命令，而后开始准用强制方法之预审办法。

二则地方检察长下不可开始预审之命令，而与主任检察官意见不合时，可申报高等检察长，受其命令；主任司法警察官、告诉人及告发人，亦同。

三则初级检察厅及地方检察分厅若有监督检察官，[①]则以其指挥开始预审。不开始预审之指挥，则申报地方检察长，受其命令。若无监督检察官，则主任者专断之。其不开始预审之处分，司法警察官、告诉人及告发人申报于地方检察长，受其命令。

以上规则，乃出于防滥用强制方法弊害，与防抛弃预审处分之宗旨者也。

【案】主任检察官，得自由开始预审与否之害有二：一得自由决定不开始预审时，或压制起诉者而民冤莫伸；一得自由决定开始预审时，或滥用强制方法。

第四，公诉之提起。检察官依搜查处分提起公诉，并实行之。果搜得十分之证据时，则不开始预审而直向其审判厅提起公诉；若系属于他审判厅之管辖时，应送致于其厅配置之检察厅，如上所述。

【案】此非预审后之提起，乃不经预审而提起之公诉。

司法警察官依搜查处分已达前段所述之情节时，应报告管辖检察

---

① 监督检察官：亦称监督检事，专门指挥、监督检察官工作的检察官。

厅，使得据此起诉。

第二款 预审

甲、预审之宗旨

预审者，为提起公诉并实行公诉起见，以搜取其必要之材料为宗旨之准备的调查也。

在法国法系之诉讼法，于公诉提起后，为决案件应付公判与否行之。

【案】法国主义之预审者，其实质系搜查处分，其形式系审判事宜，因预审归判事行之。

在中国新主义，则于公诉提起前，搜取其提起及实行所必要之材料起见。此两者间所存之一大区别也。故由中国之主义言之，预审者不论于其实质、于其形式，全系搜查处分之继续。只因其在许用强制处分之时期，故有预审之名耳。

乙、预审中检察官之权限

搜查之结果有罪之嫌疑根据既深，认为应提起公诉时，由检察官开始预审处分。既开始预审处分时，关于嫌疑人之呼出、勾引、勾留、讯问、检证、差押、搜索，证人、鉴定人、通辩人之讯问等尔来。① 检察官之权限，与法国主义之预审判事相等，不可不带强固之强制力。

第一，嫌疑人之呼出、勾引及勾留。保全嫌疑人（保全者，维持现状之谓，非保护也）之方法有三：呼出、勾引及勾留是也。

其中之呼出无强制力，不过催其到场之命令而已。原则上用书面，

---

① 呼出：传唤；勾留：拘留；检证：检验证据；差押：差接押送；搜索：搜寻探求；尔：通"而"。

名之曰"呼出状"。因此，到场之嫌疑人应即时或其日之间讯问之，以决其有监禁之必要否。对于受呼出而不到场之嫌疑人，或行再度之呼出或发勾引状勾引之。《日本改正刑事诉讼草案》第43条于下记各项之情形，不行呼出，直许勾引：一则嫌疑人系无一定之住居者时；二则嫌疑人有湮灭罪证之虞时；三则嫌疑人系逃亡者时及有逃亡之虞者时。是固当然之规则，中国亦不可不采用之。

勾引状不仅有强制的引致嫌疑人之效力，① 且有于一定之时间监禁嫌疑人之效力，其时间通例甚短（日本现行法48小时）。此监禁不过于其间调查有否勾留之必要，故不必置长时间也。

嫌疑人任意赴厅或因呼出并勾引赴厅时，讯问之而发现有前段列记之情形时，得发勾留状勾留之。因勾留状之监禁，其日期无限制。

呼出状、勾引状、勾留状，记载嫌疑事件嫌疑人之氏名、住居、其他必要事宜，主任检察官及检察厅书记署名、捺印。但呼出状之外，嫌疑人之住居不分明时，不记载之；氏名不分明时，记载容貌、体格及其他之征表。②

呼出状送达之、因勾引状及勾留状之引致，司法警察吏执行之。执行之际，或被勾引、被勾留之人有请求时，以令状示之，引致于示定之检察厅或监禁于监狱。③

【案】送达乃诉讼法专门之学。送达有一定之规则，呼出状之送达应照诉讼法一定之办法。

如不带令状而勾引、勾留人，及令状之形式不法。如不署名、不捺印之类，许人民拒绝之，所以保护其自由也。如司法警察不法而用

---

① 引致：引发导致到案。
② 征表：特征表象。
③ 示定：指定。

腕力,①人民亦可以腕力拒绝之。

不法之勾引、勾留,本人可不受司法警察之执行。盖官吏之处置未常不适法,而必令人民之自知其勾引、勾留之无不法不当也。

嫌疑人之所在不分明时,由高等检察长命其管辖地内之检察官,使发勾引状搜查勾引之。而受此命令之检察官,得造成多数之勾引状分给多数之司法警察吏。②受勾留之嫌疑人,按法律所定之情节,得准保释(由嫌疑人之亲族请求之)或责付(由裁判所许行)。③

【案】中国事实上有之,而日本则以法律规定。

勾引以发勾引状,使司法警察吏执行之为原则。但关于备前述准勾引情形之现行犯,④不可不设下记例外之规则:①检察官得用口述,对于司法警察官或司法警察吏命勾引嫌疑人,或有其必要时得亲身勾引之;②司法警察官不带勾引状直勾引嫌疑人,或用口述而命司法警察吏勾引之;③司法警察吏不待勾引状及口述之命令勾引现行犯;④普通一般人亦得逮捕现行犯人交付地方检察官、初级检察官、司法警察官或司法警察吏。

第二,嫌疑人之讯问。关于讯问嫌疑人,不可不设大略下记各项之规则:

---

① 腕力:能力、强力。

② 多数:多份。

③ 保释:被告人被羁押时,由被告人、本人、被告人之法定代理人、保佐人或其配偶申请,以相当保证恢复被告人自由之法也。因此,它类似于现在的财产保。责付:被告人被羁押时,由其亲属提出证书,交付被告人与其亲属,恢复被告人自由之法也。因此,它类似于现在的人保。而羁押,是指法院或检察官对刑事案件为执行刑罚、保全事证的真实,或方便诉讼的进行,对刑事被告人依法拘禁,限制其自由。

④ 备:具备。

【案】嫌疑人之答辩为一种证据，故讯问嫌疑人乃为调查证据之一部分。

以下非专论检察官预审时，讯问嫌疑人之规则，即审判官亦用之：

一则最初讯问，决其人有无错误所必要之事宜。

二则次告以嫌疑之事由，问有无欲供述之处，并予以申告有利于自己事实之机会。①

三则值讯问之际，使检察厅书记令录嫌疑人之口供，是曰："预审调书"（即预审调书之一部分录毕，应读予嫌疑人听；如有错误，应即改正）。②

四则讯问之际禁用威吓、诈言，至于殴打、拷责固在所严禁之例。③

五则讯问及供述原则上用口述之法，但对于聋哑及能笔谈之外国人，用书面。

【案】裁判以发现真实为宗旨。如裁判官对于嫌疑人预存一犯罪之成见，则为形式裁判，非足以发现真实也。例如，形式的裁判；如司法警察吏谓其有罪，司法警察官亦以有罪目之，其调查亦偏于有罪一方面，此形式裁判之害也。

第三，检证、差押及搜索。检察官开始预审时，为发现事实得临检犯所或其他场所，④并认为有必要时，得发掘坟墓、解剖尸体及实施

---

① 申告：表明、控告。
② "预审调书"：预审调查书。
③ 诈言：谎称；拷责：拷问责罚。
④ 临检：为预防对社会治安、风俗、卫生等方面有不良的情事发生，执法人员所执行的检查勤务活动；犯所：犯罪场所、犯罪所在地。

其他之处分。

【案】此口供以外之证据。

证据物及宜没收之物，得差押之。①但由有权者任意提出之物，只领置之（领置无强制意）。②

为发现证据有其必要时，于法律所准之范围内，得实施身体搜索及宅第搜索。③

检察官发命令状，得使司法警察官执行检证、差押及搜索等。不问其亲身实施，使司法警察官实施，均不可不使检察厅书记会合之。④但无暇使会合时不在此限。

【案】多人临场，可以防弊，且其证据较确。⑤

值检证、差押及搜索之际，若认为有必要时，由检察官不可不通牒审判厅，⑥求推事之会同是。⑦虽法国诉讼法所无之规则，然实际上固甚便也。例如，被害人死因毒发所致，或他所人毒，或自己所毒。检察官之搜索，而作调书；及推事调查证据，又须检验；设其尸体已腐或利于速焚毁者，不便实甚。故不如检察官之求推事会同之为得也。

此时中国法律教育尚未进步，其判案只凭推事之独往独来。若将来法律智识普及，而辩护人专与被告谋利益而主张法律，与裁判官立

---

① 差押：差解扣押。
② 领置：认领处置。
③ 宅第：住宅、居所。
④ 会合：参与。
⑤ 确：确定、确实。
⑥ 通牒：书面通知。
⑦ 会同：到场参与。

于对抗之地位，则知以上检察检证之必要也。

第四，证人、鉴定人及通辩人之讯问等。证人者，依诉讼法所定方式将诉讼外过去之见闻，对于当该官之讯问，而为其供述之诉外人是也；鉴定人者，依诉讼（法）所定方式将审理中之现在事实，对于当该官之讯问，而为其供述之诉外人是也；通辩人者，翻译诉讼关系外之言语或代之谈话之人是也。

【案】供述关于过去之事实之见闻，为证人；关于现在之事实供述自己之意见，为鉴定人。此简单意义如下定义，乃法理之定义也。

证人、鉴定人及通辩人于搜查处分中、公判中，均有讯问并使用之必要。多数之立法例除预审推事、公判推事之外，对于此等人采用不许强制力及使行宣誓之规定。

然中国拟采用新主义之诉讼法，既以预审事务属之检察官之权限，则对于此等人用强制力使行宣誓之权限，亦可不与检察官也。

有审判厅及检察厅之命令时，为证人、鉴定人、通辩人，恰与兵役、纳税无异，属于立宪国民神圣之义务（如下图6所示）。故对于无相当之理由而不到场宣誓供述真实之义务者，法律上科以一定之制裁。同时，又为不使蹂躏国民自由之必要上，依诉讼法设种种之限制，此现今立宪国之通例也。

凡有权之人命证人、鉴定人等到场者，有三种义务 { 一、到场　二、宣誓　三、供述 { 行供述　供述真实

图6　证人、鉴定人、通辩人及到场者作证义务示意图

【案】不到场有不到场之罪，不宣誓有不宣誓之罪，不供述有不供述之罪。如伪证罪是供述不真实之罪，皆法律上之制裁也。

何以谓之义务？因司法事宜非独官可办了，必有专门智识乃不至有冤抑。①立宪国家尊重人民，人民之国家思想观念甚重，故于为证人、鉴定人亦如纳税、充兵役之义务，以巩固司法权以保护人民之自由也。

丙、预审终结之办法

检察官行预审，搜取（对）嫌疑人有利、不利之一切之证据。有下列情形时，当为不起诉之决定：①有罪之证据不充分时；②嫌疑事件不为罪时；③犯罪后因改正法律为无罪时；④经恩赦时；⑤因时效公诉权消灭之时；⑥亲告罪未经告诉时，并注销告诉时；⑦嫌疑人不服中国审判权时。②

【案】上所列情节，即公诉提起后亦当停止。

前段为不起诉之决定，应由何人予之耶？③若一任主任检察官之独断，他人全不干预时，有滥用其权限之虞。故由主任检察官申诉意见，由监督检察官或地方检察长与此决定。

【案】初级检察厅及地方以上各级检察分厅，如置两人以上检察官，以资深者一人为监督检察官。

对于初级检察厅，一人之检察官所独断之不起诉之决定，可由主任检察官、司法警察官、告诉人、告发人等向上级检察厅为再议之请求。

---

① 智识：智慧才识；冤抑：冤屈、冤枉。
② 不服中国审判权者：有领事裁判权之国其人民不服从中国之审判权是也。
③ 予：决定、裁定。

【案】此段规定，防检察官独断专横。

在下列情形，不可不采办法中止之处置：一嫌疑人死亡之时，一关于同一案件既经公诉之提起时。

【案】既提起公诉，推事有强制权。检察官复行搜查处分，必与推事大相冲突。

前后种之情形若有必要时，仍有实施搜查处分之事。但不可不设其强制权，不得与推事强制权冲突之规定。

下记情形，应将案件送付当该官厅：一属于（其）他检察厅之事务管辖或土地管辖时；二属于特别审判厅之管辖时；三因条文或惯例应送付外国官厅时。

【案】在上各项情形之外，则检察厅对于配置审判厅当为公诉之提起。

第三节　公诉之提起

第一款　公诉提起之定义

公诉者，指具体的断定科刑权之有无及范围，向审判厅所为之请求而言。以此请求权属之于被害人或其亲族时，名之曰"私诉权"或"诉权"。然以之属于公共之时，则当有"公诉权"之称。

在近年之法律思想，凡犯罪皆因害国家之公益成立（害国家之公益又同时害私人之私益者，固不待言）。故诉权专属于国家，此"公诉"之称所由来也。①

【案】抽象的断定科刑权之有无者，修订法律属之。不问何人有杀人、窃盗，即科以杀人、窃盗之罪也。

具体的断定科刑权之有无者，对于一定之人有一定之行为，处以一定之刑罚。故裁判属之求具体的断定科刑权之有无，即为公诉之提起。

公诉权属于国家，人民自有自由告诉。然人民告诉不过通知犯罪之事实，不认其有起诉权；有起诉权者独国家，此检察官制设立之精意也。

诉讼之提起者，使审判厅干预案件之行为是也。故公诉之提起者，系指使审判厅干预一定刑事案件之行为而言。

【案】刑事案件者，应由检察官提起公诉而生既诉状态也。

第二款　起诉之办法

公诉果由何人提起耶？② 如前所述，犯罪之被害者必为国家，故有公诉权者亦不得不为国家。因此设名为"检察官"之机关，使之行使公诉权。检察官非公诉权之本体，乃代国家行使此权之机关也。

公诉应于如何时期提起之耶？在法国主义之诉讼法，搜查之结果认为得搜取有罪证据之望时，③ 关于较重之罪依起诉而求预审；关于较轻之罪，可因起诉而直求行公判。

然在中国拟采用之新主义，则置预审于检察官之权限内，故经搜

---

① 而窃以为，由此可见，公诉也属于公益范畴。
② 公诉果：公诉这一结果。
③ 望：希望、充实。

查处分或预审处分之结果，自信搜得足以维持公诉之材料时，始提起公诉，（或）可以直求公判。但公判开始前或开始后，得由审判厅命特定之受命推事行证据之搜取，固不待言。

【案】法国主义，检察官以为稍有有罪证据即可提起公诉而求预审，由预审推事再行搜查证据。中国新主义则必经检察官详细搜查确有证据，然后提起公诉。

行起诉用何方式耶？原则上用书面行之，例外上应许用口述。于此后之情形，审判厅书记不可不作成其记录。

于书面或口述之起诉，须指如何事宜耶？公诉乃具体的断定科刑权之有有无及范围之请求，故不可不表示下列事宜：一指定一定之被告人；二指定一定之犯罪事实；三指定为起诉根据之证据材料；四指定刑法之适条；五原告、检察官及会同预审之检察厅书记自署官职、姓名，盖印。

【案】《日本改正刑事诉讼法草案》始加入适用此两条。中国主义以预审归检察（官），拟规定此两条。

前述各项事宜中，三、四在德国诉讼法以指定为必要，日本现行诉讼法则否。至五下半之规则，则中国拟新加入之规定也。

第三款　检察官有无起诉、不起诉之自由[①]

检察官经搜查处分或预审处分，而对于一定之嫌疑人认为有罪之根据时，必须提起公诉耶？抑犹得决定不起诉耶？[②] 有两反对说：一曰

---

① 此为诉讼法上之一问题。
② 抑犹：抑或如同。

便宜主义，一曰励行主义。①

便宜主义之说曰，检察官之提起公诉，固出于使审判厅处罚嫌疑人，以保护国家公益之宗旨。故虽认为有有罪之根据，而因起诉、审判、处罚等项转有害国家之公益时，有不起诉之自由。此非就私情言，实就公益上起见。②此日本实际所行之说也。即由日本之法观之，已非正论之解释论。

【案】便宜主义使检察官如有不行起诉之权，乃与有立法权限，则行政官之权力太大，于法理为不合。

励行主义（法定主义）之说曰，以某某行为为罪否，据刑法既有一定之规则，非检察官所能变更。有否为罪之行为，此乃嫌疑人既成之事，亦非检察官所能变更。不拘有有罪之根据，谓检察官仍可以不起诉，是无异于检察官有动既成之事实、变更既存之法律之权限，于法理为不合。既有有罪之根据，则检察官非起诉不可。

专从法理上观之，便宜主义不如励行主义之正当，已不烦言。而解兹更进一步，从实地上考此两主义之利害得失，以决其取舍。

自实地上观之，便宜主义有一得一失。例如，对于一定之人提起公诉而于内治或外交之上反生重大不便之处，处罚之损不足以偿起诉之利。

【案】例如，国家当战争时，方处危急，有一人与国家有安危

---

① 便宜主义："起诉便宜主义"之简称，又称起诉合理主义、起诉裁量主义，指检察官对于存有足够的犯罪嫌疑，并具备起诉条件的案件，可斟酌决定是否起诉或不起诉的原则；励行主义："起诉励行主义"之简称，指检察官对于存有足够的犯罪嫌疑并具备起诉条件的案件，必须起诉。

② 而窃以为，由此可见，起诉或不起诉都关乎公益。

关系，如因殴打人而犯小罪，在检事亦必提起公诉，则于国家战争上有莫大之影响。于此情形，若采用便宜主义，得自由决定其不起诉，实为实地之利益。此其一得也。然此殊，属少数例外之情形。

若采用便宜主义，则于通常多数之情形上，常检察官或主任检察官时有滥用职权不起诉之弊害，是其一失也。前此日本亦尝受其弊害。盖无为少数之例外利益，不问通常多数弊害之理。此便宜主义虽为实地起见，亦不可采用者也。

【案】检察官得自由不起诉者，不过于内治、外交上偶然之事。若滥用职权，亦为不法。盖便宜主义不过百年一遇，未可据此以妨害国家人民之安全。

若徒借口证据不足而不起诉罪人，则于法理不合矣。

前所述便宜主义之说，不可与检察官所有之事实认定权（与便宜主义之曲解法理者不同）混视。

便宜主义云者，盖虽有有罪之根据，亦有不起诉之权。故如曲解法理，虽实地上有不当之者，而检察官依搜查及预审认其收集之材料，为尚不足以之提起并维持公诉而决不起诉，固属其权限之内。但借口于材料未足，故意决不起诉者为不法，更不待论（检察官有起诉之义务最正当）。

【案】便宜主义所说在于，为有不起诉有罪人之权，故此说法理上、实地上俱不得当。若因搜查之证据材料不足而不起诉，则为事实认定权于法理无不合也。

第四款　起诉之效力

提起公诉之后，则既诉状态（《日本民事诉讼法》用"拘束权利"字样）之效力发生。既诉状态之效力云者，指如下所列四种之法律关系而言，因公诉，审判厅与原告官及被告人（合此三者总称为诉讼主体）之间成立诉讼关系：①

第一，审判厅对于公诉，当予以终局之裁判（即本案与裁判脱离关系之裁判）。兹所谓终局之裁判者，如下所列五种之判决是也：①管辖错误之判决；②得证明后指定刑罚之判决；③不得证明时无罪之判决；④经确定裁判时、刑罚废止时、刑罚全免时、经大赦时及时效经过之时，免诉之判决；② ⑤无亲告罪之告诉注销时、公诉之提起不适法时、在既诉状态时、其国无裁判权时、属于特别裁判所之裁判权时及被告人死亡之时，弃却公诉之判决。③

【案】裁判分本案之裁判与本案前之裁判两种。本案之裁判，例如，非管辖之裁判；本案前之裁判，虽有裁判而案未了结。例如，属其管辖之裁判是也。

第二，审判厅对于公诉所指定之"人"，且限于所指定之"人"当行审判，但自原告官对于一定之人提起公诉，则审判厅当审判之同时以适用不告不理之原则，对于不受起诉之人不得行其审判。

【案】例如，检察官提起公诉谓某甲杀人，审判官不能对于某乙而行审判。

---

① 原告官：作为原告的检察官。
② 免诉：免予起（公）诉权。
③ 弃却：放弃、驳回。

对此原则,通例认一例外。如经起诉案件在审理中发现不经起诉之共犯人,且不及待检察官之起诉时,得临时行应急之审理是也。

【案】例如,在起诉后公判前,受命推事当行其准备的调查之际,发现共犯,须应急审理。

第三,审判厅关于公诉指定之事实,且限于所指定之事实当行审判。至公诉所指定以外之专件不得审判者,①亦不外适用不告不理之原则。

【案】例如,对于被告某甲之杀人案件。

审判厅惟于公诉所未指定事件不得审判,而关审理之方针、事实之认定、法律之适用等,不拘束于原告官之意见。

【案】审理方针:①调查证据物;②调查证人;③命令鉴定;④必须事实认定,然后拟律。

对于上述所谓"原则通例亦认一例外",即在审理中发现被告人未经起诉之别罪时,不待检察官之起诉,得行应急的之处置。

【案】民事诉讼对于贷金之诉讼,裁判官只能下贷金之判决。刑事诉讼则不然,刑事诉讼则职权审理是也。

第四,检察官不得自由注销公诉。若发现可主张管辖错误、无

---

① 专件:专门事件。

罪免诉等弃却公诉之理由时，当于公判之时主张之，受审判厅之判决。

【案】检察官因嫌疑人有罪，而始提起公诉。若因调查证据而发现无罪，亦可主张无罪；非以检察官但必主张有罪，①（而不主张无罪）此不可不注意之点。

《日本改正刑事诉讼草案》第203条新设第一审之辩论开始以前，得注销公诉之规定是，或于他实地有更利之处。盖既经开始辩论，而后注销，转许多周折不便甚矣。

第四节　公诉之实行

公诉之实行者，实施于使审判厅终结其公诉案件上，所必要之诉讼行为之谓也。依第一审、控诉审、上告审等审级如何，其办法各不同。

又有非常上告、抗告、再审、再诉及关于大理院专管案件等特种办法。

【案】公诉之提起者，引起审判厅干预诉讼行为也；实行者，则使审判厅完结行为也。

第一款　第一审公判②

凡行公判，除定数之推事相继出庭（继续出庭，不换人审判）之

---

① 非以：不要以为；但：只。
② 公判：公开审判。

外，检察官（不必一人自始至终出庭）及审判厅书记亦须出庭。

背此原则之裁判，得依上诉求注销之；被告人不出庭时，于原则上不付行公判（有例外，法律上准用缺席裁判）。

被告人于公判庭不受身体之拘束，但得置看守人。

【案】身体不受拘束，恐其意思不自由发表，此原则也。但为防逃走及暴动，当置看守人。

审理应处重刑之犯罪人（《日本改正刑事诉讼草案》第259条以死刑或无期刑为限）时，必置辩护人。

辩护之宗旨在计被告人之利益，防御不法或不当之攻击；无检举其不利益之义务，同时不准曲庇被告，①自不待言。

【案】中国用强制辩护，更宜推广于死刑、无期徒刑外，加入一等有期徒刑。②

强制辩护者，非置辩护不行公判之谓也。辩护人之设，因原告有检察官保护。检察官学问、阅历必非被告能与相抗，故设辩护人此制以补助被告，使两造立于对等地位也。

盖辩护人专为防检察官及审判厅之不法不当之行为为宗旨，非曲庇被告为宗旨。

在下列情形，无辩护人之选任或出庭时，除以审判厅之职权外，检察官亦得请求其选任：①被告人系未成年时；②被告人系妇女时；③被告人系聋者或哑者时；④被告人系有心疾之疑者时（真有心疾，

---

① 曲庇：曲意包庇、袒护、庇护。
② 一等有期徒刑：第一等级的有期徒刑。

则公判中止）；⑤因被告案件之情节认为必要时。

公判庭之开闭及维持法庭之秩序，俱属审判长之权；公判庭于原则上，不可不公开之。

【案】公开主义规定于宪法；凡密行裁判，皆非公平裁判，以不经众人闻见也。

值开庭之初（公判之顺序第一审如是，上诉亦大略相同）：
第一，先由审判长对被告人，行足以知其人有无错误之讯问。
第二，次由检察官陈述被告案件之要旨（例如，言某日某人有窃盗案件，请求裁判是）。即为口述辩论开始之时期（凡刑事案件未有口述辩论时，得取消其案件）。
第三，继由审判长就被告案件讯问被告人。

【案】例如，向被告讯问某日犯某罪否。

第四，此讯问既毕，后行调查证据。调查证据，一一分别行之；每一件之调查毕，问被告人之意见。

【案】勿论被告供认与否，皆要调查证据。与中国供认不同。
诉讼法有例外。犯极短刑期与极少罚金之罪供认后，不行调查亦可。盖供认非有力之证据也。

第五，被告人之讯问及证据之调查，由审判长之陪席推事及检察官白审判长后，① 得讯问被告人及证人。

---

① 白：表白、申请。

第六，由检察官或被告人有新证据调查之请求时，审判官先决定其许否。

第七，调查证据之后，由检察官关于事实及法律陈述其意见，是曰检察官之论告。①

第八，被告人对于检察官之论告，得为答辩。论告与辩答得反复之，但最终必使被告陈述（各国大原则）。

第九，口述辩论依被告最终之陈述闭之，②但有其必要时得再开之。

第一审判决之种类如下：①管辖错误之判决；②科刑之判决；③无罪之判决；④免诉之判决；⑤弃却公诉之判决。

【案】单独制，由推事一人下判决人；合议制，则由合庭议后，然后下判决。

第二款　上诉通则

不服第一审之判决者，得赴直近上级审判厅提起控诉；③不服控诉之判决，得直赴上级审判厅提起上告。控诉与上告而合曰"通常上诉"。

【案】控诉之"控"字含有上告意。在中国亦然，如"京控"是也。然日本之用控诉之"控"字，则单指不服第一审之判而上告者，其意义较狭。

通常，上诉乃判决未确定以前之上诉。如确定判决以后之上诉，则曰："非常上诉。"盖通常上诉在裁判确定前，非常上诉在裁

---

① 论告：论列罪状上告，类似于现今的公诉庭审归纳。
② 闭：完毕、结束。
③ 直近：最近。

判确定后。

上诉由原告或被告，均得提起。而检察官为被告人之利益起见，亦得提起上诉。

【案】如被告不应重罪而裁判官科以重罪，则检察官亦可提起上诉。

上诉须于期限内提起；经过期限后所提起之上诉，不问其内容如何，却下之（《日本改正刑事诉讼草案》第314条控诉期间7日，第331条上告期间3日）。① 但有特别之情节时，予以期间恢复之权。

【案】如天灾、不可抗力之事实发生时也；如非常上诉，虽期限经过，亦可提起。

上诉不可不经由原审判厅，而提出之。

【案】因不服原审判厅之判决而上诉，其必经由原审判厅者以有关系之文件可以提起。原审判厅不能妨害人之上诉，不特此也，② 当判词之尾，必附以"如不服，几日可提起上诉"；如经第二审之判决，亦必注明几日内可以上诉。此皆规定于诉讼法，为一定之方式。非然者，则判决可认为无效而破裂之无不可。③

上诉权不问在期间内、在上诉审理中，得由提起者抛弃之；抛弃

---

① 却下：落下、不受理、不理睬。
② 不特此也：不仅如此。
③ 破裂：破坏；之无不可：没有什么不可以的，完全可以。

上诉权于其时，原审之判决确定。

第三款　控诉

控诉云者，求注销或变更第一审终局判决之全部或一部之上诉也；经由原审判厅而提起，于其直近上级审判厅者也。

然由第一审之被告人提起之时，其被告人为控诉审之原告人，检察官立于被告之地位；又由第一审之原告官提起之时，第一审之被告人于控诉审亦为其被告人。

控诉得对第一审判决之事实点或法律点，[①]并其全部或一部提起之者。而有谓其性质为第一审之复审（就全部再审）或为第一审之续审（如补审未竟事宜）。为实地利害起见乃采用续审主义，而适宜略为参用复审主义之规定而后可。

【案】欧美采三审制度，事实之争至第二审而止。

上告仅对于法律之点而上告；若控诉，则不论事实之点与法律之点。例如，某甲于某日至某乙家而窃取某物，适用刑法之某条，然某甲并无某日至某家之事是也。

审理之序次于其大体，与本第一项所述无异。但第一审之被告人如为控诉之原告人，须先由原告陈述控述之意也。

【案】如由检察官为控诉之原告，则应由检察官陈述控诉之意趣。[②]

---

① 事实点：认定事实部分；法律点：适用法律部分。
② 意趣：志趣、旨趣、要旨。

控诉审之判决有下列五种：①弃却控诉之判决。提起控诉之办法违法之时、控诉理由不当之时，及被告人提起控诉而于公判日不出庭之时，与此判决；②注销原判决予以相当之判决。控诉有其理由时，与此判决；③送还案件于原审判厅之判决。由原审判厅所与之判决，谓管辖错误或可以弃却公诉者而其判不当时，与此判决；④由控诉审判厅行第一审之判决。本无管辖权而下第一审判决（即原裁判所无管辖权而下判决），控诉审判厅以为不当，且自身有管辖权时，采此办法；⑤转送案件于他管辖之第一审之审判厅是，为②号所述判决之一种（即原审判厅既管辖权，控诉之审判厅亦无管辖权是也）。

【案】此由检察官提起控诉，公判之日被告人不出庭时，不听被告人之辩论，而下判决，此例外也。原则必经两造口述而下判决。若检察官之提起于被告人不利而不出庭时，认为抛弃辩论之利益而下判决亦可。

第四款　上告

上告者，求注销或变更第二审判决违法之点上诉也。事实点不服，不得为上告之理由。

【案】上告审为统一法律之解释而设之制度，恐各审判厅间之解释法律不同故也。各事实之点，则不问之。

《日本改正刑事诉讼草案》第333条在下列十种之情形者，当然属于违法，可准上告：

第一，判事、检事、裁判所书记未出庭，而为审判时。

【案】但有一不出庭皆是。

第二，因法律被除职务之执行之判事，干预审判时。

【案】如推事与原被告有亲族关系之类。

第三，判事有偏颇之虞，被忌避；既认其忌避之申请有理由，而犹干预审判时。①

【案】例如，被告请求传讯之证人于被告人有益者，判事不肯传讯，则是有偏颇之虞。

第四，除土地管辖外，裁判所认其管辖或管辖错误而不当时。
第五，裁判所受理或弃却公诉，而不当时。
第六，除有法律特别之规定外，被告人不出庭而行审判时。

【案】如许用缺席裁判。例如，被告人咆哮有妨害辩论者，②可使之退庭。

第七，照法律须置辩护人之事件，其未出庭而为审理时。

【案】如死刑、无期徒刑。

第八，除法律特别之规定外，裁判所于受请求之事项不为判决，或于未受请求之事项而为判决时。

---

① 忌避：因禁忌而回避。
② 咆哮：高声喊叫。

第九，违背关于公开审判之规定时。

【案】如于风俗有妨害应密行而不密行者，或应公开而不公开者。公开审判，大概东西各国皆规定宪法中。

第十，判决不附理由或其理由有龃龉时。①

【案】未列于此十种之外，凡法律之点有应争者，皆得上告。

提起上告，当提出趣意书。若在期间内不提出趣意书，则上告当受弃却之决定。②

【案】于趣意书之外，得提出上告趣意扩张书。

若被告人欲行辩论之时，原则上当以辩护人到场。上告审系辩论法律，非被告人所能为者。

上告审之判决有四种如下：

【案】与控诉审之判决大概不差，惟上告审之判决专以法律为基础：

一则弃却上告之判决。提起上告之办法系违法者及上告无正当理由者。

---

① 龃龉：比喻意见不合、互相抵触、前后矛盾。
② 趣意：意向、本意、理由、意思明确。因此，趣意书类似于上诉书。

【案】例如，上告书中不示上告理由；例如，求事实点之注销时。

二则破弃原判决之判决，上告有其理由时。

三则用判决行相当拟律行免诉及弃却公诉之言渡。[1]依原判决一定事实点，而原判决有拟律之错误时、不当受于案件时。

四则返送案件于原审判厅，或回送与原审判厅同等之他审判厅，及返送于第一审判厅之判决。

第五款　非常上告

非常上告者，于判决确定之后发现其审判之违法时，由总检察长（此特权）赴大理院求其更正之特别办法也（《日本改正刑事诉讼草案》第355条以下）。

第六款　抗告

抗告者为求注销或变更审判厅之决定，提起于直近上级审判厅之上诉也。许为抗告之决定与不许之决定区别，诉讼法定之。

【案】决定者，大都决定诉讼之办法。如被告请讯问证人或请援证人，审判厅却下，而无理由以决定之方式、裁判之类（如下图7所示）。

$$裁判之方式\begin{cases}判决\\决定\\命令\end{cases}$$

图7　裁判方式示意图

---

[1] 言渡：定谳、解释、释义。

第七款　再审

再审者，日本现行法于有罪判决确定之后，发现其认定事实有重大错误时，为计被告之利益，准其提起之特别上诉也。在《日本改正刑事诉讼草案》中，于下之六种情形，准其再审：

第一，发现证据物系伪造时。

第二，发现证言、鉴定、翻译、通辩虚伪时。

第三，告诉人受诬告之处分时。

第四，发现关于推事职务之犯罪时。

【案】曲庇或陷害或受贿等与职务上之犯罪。

第五，用前之判决为基础之判决，因后之判决当受变更时。

【案】为刑事判决之基础之民事判决，受变更时。

第六，发现可为无罪、免诉、弃却公诉较轻处分之明确证据时。

【案】如甲杀乙已判罪，后发现杀乙之日甲实出外。

现行法专为被告利益，《日本改正刑事诉讼草案》则不问被告之利益否，但有列举情形，亦准其再审。

前述第一、第二、第四之情形及受无罪、免诉、弃却公诉并较轻处分者，自白其犯罪或较重之犯罪时，虽行再审于被告人有所不利，亦准之。

第八款　再诉

受免诉或弃却公诉决定后，新发现反对之证据时；限于情形，准

于原审判厅行再诉。

第九款　大理院专管案件

外国之立法例，于国事犯、宗室犯罪等一定刑事案件，为大理院自第一审及终审之专管案件。

至其搜查为总检察长之特别权限者，亦多在此情形。

高等以下各级检察厅检察官及司法警察官当从总检察长之命令，各实施其权限内之职务。

第五节　裁判之执行

【案】裁判之执行，即刑之执行。盖刑之执行乃裁判之执行中一种而已；若无罪判决，则当放免之。①

裁判有判决、决定、命令之三种。

又在判决（中），有刑之言渡及无罪、免诉、弃却公诉等之言渡。此等各种裁判之执行中，与检察官关系最深者，刑之言渡判决由该官执行是也。

【案】刑之执行乃裁判之执行中一种而已；若无罪判决，则当放免之。

若有罪判决而不执行刑者，因犯罪人当裁判未判决之先，未受有罪之言渡而以嫌疑人之身份受拘留之日，多并入刑期算之，则当出狱。故有罪之判决，亦有不执行刑者。

---

① 放免：释放免除。

刑之执行中最重要者，自由刑之执行是也。自由刑者，依检察官之指挥司狱官（有时警察官）执行之。

财产刑之执行，依检察官之指挥承发吏（日本曰"执达吏"）实施之。

【案】"承发"二字，冈田不赞成之。谓"承发"二字，但举关于文书而言，不能如执行送达之谛当也。

第三章
（检察）事务章程及监督

第一节 （检察）事务章程

《法院编制法修正草案》第九十八条曰："凡检察官应从上官之命令。[①]大理院审判第一审且终审诉讼案件，与该案有关系之检察官，应从总检察厅厅丞之命令。"

同（法）第九十九条曰："凡各检察官于实施检察事务上，有不受特别许可，而代理所属检察厅长官或监督检察官之权。"

同（法）第一百条曰："凡检察官于必应时，得代理所属检察厅检察官。"

同（法）第一百零一条曰："凡地方检察长、高等检察长及总检察厅丞，有亲身处理各管辖区域内检察官事务，及移各管辖区域内检察官之事务于别厅检察官之权。"

以上四条，基于检察官为一体之原则，[②]为得完全实施检察事务而设便宜的之规定也。

同（法）第九十六条曰："凡通高等以下各级检察厅之事务章程，由法部会同总检察厅奏定颁行。各高等检察长据前次章程，统一管辖内施行之，之要务及布发训令、定开厅时刻。总检察厅本厅及分厅事

---

① 上官：上司、长官、上级官员。
② 检察官为一体之原则：即检察一体（化）原则，指检察官不可分之原则，检察厅为司法行政之机关，对于审判衙门，固处于独立地位；而其内部关系，则全国之内虽有若干检察厅，合之仍成一体，其首长为司法总长。

务章程，由总检察厅自定。惟实施前，应申报法部。"

同（法）第九十七条曰："凡各检察厅长官遵前次所揭事务章程及其他训令，于各司法年度末应预定次司法年度之下列事宜：一所属检察厅、检察官应行检察事务之分定；二所属检察厅、检察官之配置。初级检察厅检察事务之分定及检察官配置，①由所属地方检察长行之；地方以上各级检察分厅事宜，由本厅长官行之。"

中国未设一般检察厅事务章程，可参酌日本明治二十四年（1891年）9月司法省训令第47号第24—32条。

第二节　检察官之监督②

《（法院）编制法修正草案》规定，凡关于检察官监督者，如下所列：

第一百六十一条（曰）："凡司法行政监督权之施行，区别如下：第一，法部堂官监督全国审判厅及检察厅……第三，各直省提法使承法部堂官之命，监督本省审判厅及检察厅……第七，总检察厅厅丞监督该厅及各级检察厅；第八，高等检察长监督该厅及所属之下级检察厅；第九，地方检察长监督该厅及所属之初级检察厅；第十，初级检察厅监督检察官或检察官监督该厅之录事、书记生、承发吏及司法警察吏员。审判分厅、分院及检察分厅如置监督推事及监督检察官，准于前数项之例，由该推事或检察官行监督权。"

第一百六十二条（曰）："凡实施监督之权如下：第一，官吏于本

---

①　分定：指定、确定、分布安排。

②　而"检察官之监督"，验证了——"检察官，乃因对法官及警察的不信任而诞生，在此等氛围之下，新生儿不但命定要为防范法官恣意与警察滥权而奋斗，更需为自身不被相类的病毒感染而苦战"（参见林钰雄：《检察官论》，法律出版社2008年版，第94~95页）之论断的正确。

职有怠弛者，①应警告之使勤慎其职务；第二，官吏于职外侵越者，②应警告之循守其本分。"

第一百六十三条（日）："凡审判厅及检察厅官吏如有怠弛及越职等事，屡戒不悛或情节较重者，③当用惩戒法处分之。"

第一百六十四条（日）："凡前数条所列举之司法行政职务及监督权，不得徇个人之请求而行。"④

---

① 怠弛：懈怠松弛。
② 侵越：越犯越界。
③ 悛：悔改。
④ 徇：徇私枉法。

第二编 民事法与检察制度①

---

① 本编为"[日本]松冈义正口授;(华阳)郑言笔述;(云阳)蒋士立编纂",并印在原书本编编名页上。

总　论

第一章　检察制度之发达及意义

第二章　检事局之组织权限及纲目

各　论

第一章　检事与民事诉讼

第二章　检事与非讼事件

附　言

总 论

第一章
检察制度之发达及意义

第一节 发 达

检事制度发其源于法国,罗马及德意志之法源无之,此通说也。

【案】大概法律制度不发源于罗马则发源于法国,故检事制度实发源于第二罗马法之法国。

就法国言,检事初为国王之代理者参与诉讼,以图国王之利益为其职务(西历14世纪)。至于现今,为国家之机关参与民刑事案件,以图公益为其职务。

德意志及日本之检事制度,以法国检事制度为据。

英国之检事制度则显其固有之特色,与法国检事制度异。盖以国库之辩护士为检事,于刑事则使提起公诉,于民事则使参与离婚之裁判焉。

【案】法国当14世纪时,国王之代理者参与诉讼,以图国王之利益,要求罚金,或要求增加,不过为国王之爪牙,无所谓公益之代表。

至革命时代，王室之权失坠，故检事之职中辍。① 此时，如有犯罪行为，由人民自行告诉。然加害于人者，未必能自己提起，则新法律不能不生。

法国革命时代一切事务纷乱，犯罪行为居多，故拿破仑乃复行检察制度。② 此时不但民事、刑事，即司法行政亦干预之，因拿破仑欲使实行自己意思之机关。后因拿破仑放逐，而检事之权缩小，如现今检事之职务是也。

总之，世界日日进步，人民之事务日渐发达，则欲保护一切公益而委之人民，断不能行。所以，不能不以检事制度为重。此无论日本及其他各国皆宜以保护人民公益而特立国家机关，如检察制度是也。③

罗马法之时，时期约分为三：第一时期，公犯与私犯不分，仅国事犯之颠覆政府，则由议会处分；则如人民受损害，则无相当之罪处分之。第二时期，则有杀人罪，而犯罪之数少多。如用第一时期之议会处分则恐不及，因不如国事犯之简单，故又添出委员以报告于议会，此委员临时设立。第三时期，如普通犯之对于名誉、身体、生命、财产有犯者，皆有罪。此不待委员之处分也，凡有人民告发，则皆理之。此时期杀人罪比于普通犯，此委员常设。此即罗马裁判所之起原。因此，时代由被害者起诉，由委员处理，尚不以检察制度为要紧。

德意志在酋族时代两种法：一政府法，一人民法。④ 如违反人民法，

---

① 革命：法国大革命；中辍：中止、中断。

② 拿破仑：即拿破仑·波拿巴（Napoléon Bonaparte，1769—1821年），即拿破仑一世，19世纪法国伟大的军事家、政治家，法兰西第一共和国的缔造者。

③ 而窃以为，由此可见，维护公益是检方（即检察机关及其内设机构、检察人员之统称）之"初心"。

④ 酋族：氏族。

则由共同部落共同而加之以制裁，乃共同部落全体之制裁。如窃人之物、伤人之命，则逐捕而送之共同部落加以相当之制裁，由部落议决而政府执行之。议罚为人民之事，行法为政府之事，执行之机关为裁判所。所以，德意志最古之时代之裁判所为执行之裁判所，非司法之裁判所。以后犯罪复杂，始有裁判官府。观此则知当日并无检察制度，而其裁判所之起源则包执行在内也。

英国以检事总长办理重大事务。此外，有刑事诉追者。如有普通事件，则至裁判所要求普通之裁判。刑事诉追者并非专官，不过以国库之辩护士为之，至民事则仅参与离婚之裁判。参与刑事者译为刑事诉追者，参与民事之国库辩护士译为女王之代理者。

此皆就实质而言。如就形式而论，则英国不能如法国、日本之有专官形式上有检事之名目也。

总之，世界（检察）制度可分为两种：一设立检察机关，使辩护士为检察官，法、日本是也；一不设立检察机关，使辩护士为检事，英美是也。罚犯罪行为有三主义：一被害者之告诉；二人民之告发；三检察官之起诉。无检察制度之国，只有前二主义。

第二节　意　义

检事局因保护关于司法之国家利益而设（公益保护），且与裁判所在同等地位，而独立之行政官厅也。检事，则为组织检事局之行政官吏。分说于下：

第一，检事局乃与裁判所在同等地位，而独立之行政官厅也。故检事无被裁判所拘束其自由者（裁构6），①亦不得加于裁判之评议（此二项因为"独立"二字生出）。

---

① "裁构6"：《日本裁判所构成法》第6条"简称，下同。

第二，国家之利益，当由国家自主张之。故国家因此特设机关使行主张公益之任务，即所谓检事局是也（裁构6）。①

第三，关于司法之国家利益，涉于民事、刑事及司法行政事项（裁构26）。故检事局于民事则立于当事者之地位，或仅陈述意见；于刑事，则为公诉之提起实行及刑之执行指挥；于司法行政事项，则为关于司法行政之指挥及监督机关。

【案】凡司法事务不必事事皆与国家有益，惟检事专主张国家利益而设。此与裁判所之设立，因国家不能自行裁判设乃设立之；国家不能自己主张利益，故设立检事局以主张国家利益同也。

判事、检事感情往往不洽，此不独日本然也，凡采用检察制度之国皆然。此全在为上官者之善于调和之。

如判事下无罪之判决而检事不以为然，则性躁之判事必怒；或检事提起有罪之诉讼，判事则下无罪之判决，则检事必至于提起控诉，而判事与检事则不易相恰矣。

---

① 而窃以为，由此可见，维护国家公益是检察工作的志趣之一。

第二章
检事局之组织权限及纲目

第一节 组 织

检事局之组织与裁判所之组织同，有内部组织及外部组织两点。

【案】中国采用欧洲大陆主义，此编就大陆主义讲明之。

第一款 内部组织

今略说检事局之内部组织。则检事局者，乃于司法为适当之共力之官厅，[①]非为司法权行使之官厅，此与裁判所相异之要点也：

第一，检事局乃由检事一人或数人，而成之统一的单独制官厅也。故由检事数人而成之检事局，检事从上官之命令行其职权，非检事局之长官独行检事之职权，其他检事为长官之代理者而行其职务也。

第二，各检事局相合而成一体，其首长为司法大臣。故组织各检事局之检事，于其权限内代表成一体之国家的检事局或总检事局；其权限内之行为，与司法大臣之行为同视。

第三，各检事局乃国家的检事局之一部，因事务分配而设之官厅，即所谓检事同一体或检事局不可分是也。

【案】同一体不可分之原则，如检事长分配职务而使甲检事办天津事务，乙检事办北京事务，有时仍可自办其事务；或有使乙

---

① 共力：协作、合作。

检事办理甲检事事务。而裁判所之长官，则不能移甲判事之事务于乙判事。此在法理，所以使人民不疑心于裁判而保护裁判威信也。与检事局之性质大不同。因检察事务须敏活行动，不如裁判官之保其威信也。是以：

一则各检事局之长官，有自办理其部下检事事务之职权，又有以其部下甲检事所办事务移使他乙检事办理之职权，而检事又互有代理之职权（裁构83）。

【案】此与裁判所之第一部判事所办之事，不能移之于第二部判事办理，盖法理上然也。

二则检事从上官之命令（裁构82）。但违背上官之命令不过为内部关系，仅生惩戒处分问题；对于外部绝无影响，因之无使裁判之无效者。

三则上官对于其部下之检事，有为指挥及监督之职权（裁构134—141）。

【案】如微罪勿起诉，司法大臣恐因起诉而愈增烦难。故命令之，亦当遵守。

就法理言，凡罪皆有起诉之权，如微罪不起诉岂不与法理违背。然过于察微罪，反至犯罪日多，亵渎法律，于国家之利益转有妨害。故不如微罪之勿起诉为得也。

其参与诉讼活动之情形，如下图8所示：

$$\text{检事参与}\begin{cases}\text{捕获审检}\\\text{判事惩戒}\\\text{辩护士惩戒}\end{cases}\text{裁判}$$

图8 检事参与诉讼活动示意图

四则检事之任用资格，同于判事之任用资格。然检事非由刑法之宣告或惩戒处分，只不能反其意而免职，非如判事之有法律上担保也（裁构80、73）。

五则检事之惩戒，不据《判事惩戒法》。

【案】《日本裁判所构成法》不知采用何主义。（观《日本裁判所构成法》第6条）其采用日本法而定编制法者，更不知采何主义。观《日本裁判所构成法》亦仿佛采法兰西主义，至第33条若似采用德意志主义。

中国若定法院法，不可歧用此两主义。如日本之构成法。松冈学士则主用德意志为当。①谓如初级裁判之三人，其实仍单独制之各办其事也。

此无论采用法国、采用德国之主义，固有不同而统一的机关、单独制之机关。凡采用检察制度者无不同也（如下图9所示）：

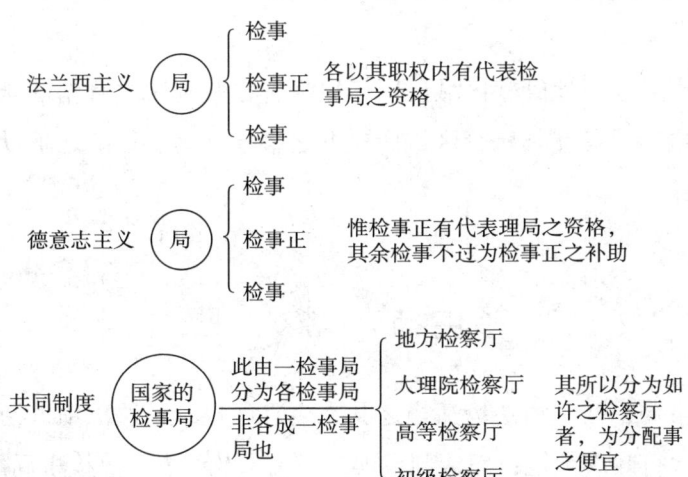

图9　法国、德国与共同制度国家检事局组成、检事资格示意图

---

① 松冈：松冈义正。

检事局虽有上位之检事局可称统一的，而裁判所不能称为统一的。故即区裁判所之单独官厅而言，其职务分两面：一（面）行政事务受上官之指挥命令，一（面）本来职务之裁判事务不受上官之指挥命令。与检事局之单独制之统一的不同。

再就日本之制言之，其检事局有检事正及检事二人而成之官厅，则亦只称为单独制，不如裁判所之数判事组织而成合议制也。

第二款　外部组织

检事局之外部组织即管辖，分为事务管辖及土地管辖：

今略述检事局之事务管辖。则附置于大审院之检事局，由大审院检事办理其职务；附置于控诉院之检事局，由控诉院检事办理其职务；附置于地方裁判所之检事局，由地方裁判所检事，及附置于区裁判所之检事局，由区裁判所检事办理其职务（裁构2）。

【案】此上可称事务分配之规定。

检事局之土地管辖区域，同于被附置之裁判所之管辖区域（裁构6）。而检事局各就其所管区域内应办之事务互为法律上之辅助，与裁判所无异。

第二节　权　限

检事局，乃于司法为适当之共力之官厅也；司法事项，乃裁判事项及司法行政事项也；而裁判事项分为民事及刑事。故检事局之权限，涉于民事、刑事及司法行政事项。

第一，民事乃裁判所因维持私法（私法指民法、商法）的秩序、适用私法、据法定手续而处分之事项。不可与《民事诉讼法》及《非

讼事件手续法》适用之范围同视。

【案】《民事诉讼法》及《人诉非讼事件手续法》皆须通过议院，乃能确保人民之权利。

国家有于便宜上，使就民事以外之事项，据《民事诉讼法》裁判之者。例如，众议院议员当选诉讼是。

就民事言，检事于裁判有关公益时参与裁判，提出裁判所所不知之诉讼材料，或陈述意见，或立于当事者之地位而为诉讼（裁构6、民诉42，[①] 并参照《人诉非讼事件手续法》）。

【案】当事者之地位是否为民事诉讼法中之当事者，是否同一，此亦一问题。此研究检察制度者，不可不知。就裁判所言，检事是否为原告；就刑事被告人言，检事是否为原告。研究此问题，谓检事果为原告，则应与原告同列而不应与裁判官同列，此座位问题。所以为辩护士所主张，谓检事既立于原告之地位，则当与被告同列。关于此，学说有二：

一则检事非当事者，不过为国家之机关。如检事所提起之事项，裁判官既判决之；检事如有不服，仍可提起不服之诉。当事者则不能既经申诉判决，不服裁判官之裁判，而要求不服之诉。此第一说所谓非当事者也。

二则检事是当事者。无论民事、刑事诉讼，凡诉讼成立必有利害相反之两造。故民事则有原告与被告，刑事则有检事与被告是，检事明明为当事者。

---

① "民诉42"，即"《日本民事诉讼法》第42条"简称，下同。而窃以为，由此可见，检方参与民事公益是检察工作志趣之一。

两说比较，第二说为当。因为第一说所主张容易破之。前说所谓检事可提起不服之诉与当事者不同，不知检事所主张者为公益。使前之提起有错而既经裁判判决，则正为保护公益起见，与私益不同。故亦不妨为当事者。

　　座位问题，往往为辩护士所主张。盖以检事与裁判官并坐，有独居上风之势；若认为即诉讼法之当事者，则自当与诉讼人立于堂下也。此种问题，要知检事为司法行政之机关，则座位之问题无足争论。

　　第二，刑事乃裁判所因维持刑法的秩序、适用刑罚法、据法定之手续而处分之事项。就刑事言，检事为公诉提起及刑罚执行之机关而行其职务（裁构6，刑诉3、20）。①

　　第三，司法行政事项乃因使司法权行使容易，而国家所为之行为。凡关于裁判所职员之设备、事务之分配、职务上之监督及裁判所（建筑物）之设备之事项皆是。而司法行政之长官为司法大臣、大审院长、控诉院长、地方裁判所长及区裁判所监督判事。又检事总长、检事长及检事正等，皆监督其下级官吏（裁构6、134以下）。

　　【案】监督、统一司法，办法有二：

　　一则每年司法大臣召集大审院长及控诉院长以及各地方裁判所长，商议改良司法之办法。商议已定，由地方裁判所长及检事正通知以下各级裁判所，以为商定所改良事项之预备。此种办法中国断不能行，因地方宽大而交通不便也。②

　　二则每年于控诉院长召集控诉院判事于控诉院中，由检事长

---

① "刑诉3、20"，即"《日本刑事诉讼法》第3条、第20条"简称，下同。
② 宽大：地广。

报告一年中某案之判决不合。其报告之案已经大审院所破决者，经判事决议后以检事之报告书与判事决议书合之，以分送于各级裁判所，使知其决议之事项，并由检事长随时报告于司法大臣。

第三节　纲　目

民事分为诉讼事件及非讼事件。诉讼事件乃裁判所据私权之确定及强制执行，而保护私权之事件也；而民事事法者，适用于诉讼事件及非讼事件之法规之全体也。故民事法与检察制度之关系，不外关于民事诉讼之检事权限及关于非讼事件之检事权限。此所以于各论第一章"检事与民事诉讼"、第二章"检事与非讼事件"。

【案】有判决之形式、有强制执行之形式而保护私权者，则为诉讼事件。反之，无判决保护之形式而为保护私权者，则曰非讼事件。此两者之区别也。

各 论

第一章
检事与民事诉讼

第一节 共 力

检事关于民事诉讼之共力，出于法国之检事制度。

第一款 据法国之法律（检事）：

第一，检事于民事诉讼直接关于公益时（于公秩有利害关系时），[①]立于主当事者之地位参与民事诉讼。[②]例如，婚姻事件及禁治产事件是关于公益之时，由法律上定之欤？抑认为包括关于公秩之一切之时欤？

【案】此两说，于检事权限颇有关系。使主由法律定之之说，则检事之权限缩小；如以后说为主，则认为包括公益之范围特大。[③]

就立法之精神论，检事直可不必干预民事。盖自当日拿破仑采用检察制度，而检事参与民事之权颇大。日本亦采用法国之法，故检事之参与民事权利特大。

依余论之，就各国之立法例论，则检事制度至今日殊可不必

---

① 公秩：公共秩序。
② 而窃以为，由此可见，参与涉及公益的民事活动是法国检方较早或固有的职权之一。
③ 使：让；主：主张、强调。

太广也。

法文之解释上虽有争议，然以后说为通（1810 年 7 月 20 日法律）；① 又此际国家实为主当事者，检事不过为其代表而已，其参与民事诉讼之形式，在立于诉讼当事者之地位。

第二，检事于民事诉讼间接关于公益时，以附带当事者而参与民事诉讼。例如，民事诉讼关于未成年者或妻之时是也（参照法民诉 83）。② 此时由检事之认定，法律上并不一定。又此附带当事者之际，检事代表国家为裁判之看守者或法律之番人（卫士，如守卫法律之人）而参与民事诉讼。其参与民事诉讼之形式，则意见之陈述（直接关公益）或附带之申诉（间接关公益）也。

第三，检事为监督机关而监督裁判所，且报告其错失于司法大臣。

【案】法兰西（检事）以要事为政府之耳目。③ 以他国学说论，则检事为政府耳目颇不妥洽。使政府果有此权力，其间接必害司法之独立；使检事果可为司法大臣之耳目，则裁判官必仰其鼻息而不能独立。④ 知此，可知法兰西检事之权力也。此法国检察制度之大病也。

第二款　据《德意志民事诉讼法》（检事）：⑤

第一，于婚姻无效事件、禁治产事件及死亡宣告取消事件。因维

---

① 法文：法律条文；通：通说。
② 妻：夫妻、婚姻；"法民诉 83"，即《法国民事诉讼法》第 83 条"简称，下同。而此点论述，亦可视为关于检察民事公益诉讼与刑事附带民事公益诉讼的较早记载。
③ 耳目：比喻辅佐或亲信之人。
④ 仰其鼻息：与他一个鼻孔出气。
⑤ 而窃以为，由此可见，参与涉及公益的民事活动是德国检方较早或固有的职权之一。

持公益代表国家为主当事者，而为诉讼。

第二，于其他之人事诉讼事件，即如亲子间之法律关系确定事件，因保护公益参与诉讼陈述意见（德民诉607、634、646、652、664、666、684、974）。①

然检事并无监督为民事裁判之裁判官之职权（此改法国制度之监督裁判所者）；此因若使检事有如此之监督权，则将害裁判官之独立矣。

【案】法国法律之长，在发现好制度之多，所以有第二罗马法之称。德国法律之长，在辨别制度之美恶，而发现不如法国之多。今日研究法律之进步者，乃复研究德意志法律之美恶为最新发明之学。

第三款　据日本之法律（检事）：

《日本民事诉讼法》斟酌实际上之便宜、旧来之惯习及法、德诸国之法制，于民事诉讼采用检事之共力（裁构6、民诉42）。兹将重要之检事共力说明如下。

【案】参与民事诉讼之权力最小者，惟英国，不过离婚之诉讼而已。

第二节　人事诉讼

人事诉讼乃关于婚姻事件、养子缘组事件、亲子关系事件、相续

---

① "德民诉607、634、646、652、664、666、684、974"，即"《德国民事诉讼法》第607条、第634条、第646条、第652条、第664条、第666条、第684条、第974条"简称。

人废除事件、隐居事件、禁治产事件、准禁治产事件及失踪事件之诉讼之总称。但相续人废除事件及隐居事件与中国制度全然不同，故略之。①

第一款　婚姻事件

婚姻事件（婚姻事件之范围各国不同），乃以婚姻无效（无效，如议定其姊而婚书书其妹）、取消（日本约定年龄之婚姻过时者，则取消）、离婚（日本法律规定，妻受夫之侮辱亦可提起离婚之诉讼）或夫妇同居为目的之诉讼事件（种种皆规定于民法中之亲族法）之总称（人诉1、民778以下、813以下、789）。②

婚姻为社会的生活上必要之制度，国家就关于婚姻之各诉讼有利害关系。故使检事为国家之代表者，而参与婚姻事件。

【案】婚姻制度善，则夫妇之道不苦；而传种改良，影响及于国家。

甲、陈述意见

一则检事得于一切之婚姻事件，到场陈述意见。

【案】为主当事者曰"当事者"；为附带当事者曰"意见陈述"。检事之参与民事法律上，仅此两种而已。

---

①　养子缘组：养子与养父母；相续人：继承人；隐居：躲藏起来居住。而窃以为，如下所述，参与涉及公益的法定人事诉讼是检方较早或固有的职权之一。因为，诸如婚姻、养子缘组、亲子关系、相续人废除、隐居、禁治产、准禁治产、失踪等法定人事诉讼事件，以及破产诉讼、诉讼上救助与法定民事、商事非讼事件关乎国家公益，故检方可作为参与者或当事者代表国家参与之。

②　"人诉"，即《日本人诉非讼事件手续法》简称；"民"，即《日本民法》简称，下同。

又得于受命（乃同一裁判所而命调查事件）判事或受托（非同一裁判所而命其调查事件）判事之审问时，陈述意见（人诉5）。此等意见之陈述不过为检事之职权，故不得仅因检事不陈述之一事，即以裁判为违法。

然不因使检事陈述其意见，通知辩论期日或审问期日于检事（此预备使检事陈述意见之手续，①则通知辩论期日、审问期日是也）。而遽为裁判，②则于其裁判依检事之共助。至见他之结果时，即作为违法者（使不通知而未见他之结果，亦不为违法）。例如，因不为通知，不知检事所知之事实，而为之裁判是也（人诉5、德民诉607）。

二则因维持婚姻事件，即使却下婚姻无效、取消及离婚之诉，或因使为夫妇同居之判决，得以职权提出其所调查之事实及证据方法（人诉6）。

【案】既使检事参与民事诉讼，则当养成长于民事之检事。因此，则关于检事之数目必增多，而为国家财政之所不许。

就今日财政论，不能养多数之检事，则检事以刑事为专务，而民事亦可不参与。如必令参与民事，必养成熟于民事之检事，而为今日财政上不许者。故一切婚姻事件，苟不生他之结果，裁判仍属有效；不得仅因检事不陈述之一事，即以裁判为违法也。

人事关系与刑事关系不同。欲调查事件之详实而复杂之关系，又必因其报告而再加调查，故检事参与民事事件尤为困难。

乙、当事者

一则检事得为原告，以夫妇双方为被告，提起婚姻取消之诉（民

---

① 期日：约定的时日。
② 遽：通"遂"，就、仓促。

780、人诉20、德民诉632）。

又于他人提起婚姻取消之诉时，亦得参与其事；而为婚姻取消或维持之申诉，以追行诉讼手续或为上诉。但夫妇之一方死亡后，不在此限（缺婚姻取消之必要。）

二则于婚姻无效或取消之诉，有于应为彼造者死亡后，而为彼造者。夫婚姻无效或取消之诉，由夫妇之一方提起时，则其他一方为彼造；由第三者或检事提起时，则夫妇双方为彼造；于夫妇一方所提起之诉，彼造死亡（或者）于第三者所提起之诉彼造双方死亡时，则以检事为彼造。此因检事于公益上为婚姻之保护者故也（人诉2）。

【案】此检事无论于两方应为相手方者而为相手方，因检事于公益上应维持婚姻故。

因为有此可以取消之婚姻存在，则其中关系公益者颇多，故检事不能不参与之。例如，甲对于乙丙夫妇提起婚姻之诉讼，甲可以随意取下。然有检事为当事者，则不必另行起诉，可使诉讼之迅速进行。盖甲与检事平行，裁判官可据之以为判断故。或裁判官据检事之意见判断与不就检事之意见判断，或据甲之意见判断与不据甲之意见判断。但检事认为公益之必要时，仍可提起上诉。

婚姻无效，就夫妇双方之合意言，不能就一面言之。断无夫妇两方面，夫之婚姻无效而妻之婚姻有效者。例如，原告之夫已起诉而死者，则辩护士代之；被告之妻已起诉而死者，则以检事为被告；如检事以夫妇双方为被告，而夫妇死亡时，则以辩护士代之，否乎？条文上颇有疑义。余则以为，不如使诉讼消灭可矣。

《德国人事诉讼法》（规定），夫妇一方死亡，则诉讼消灭。如因诉讼而负担费用者，对于死亡人之相续人而为诉讼，但限于费用；第三者对于夫妇而为诉讼，使夫妇双方死亡，则对于相续人而为诉讼并诉讼费用，此日本主义也。德国则人已死亡则主张消灭，日本则主张确定人事关系，与德国不同。

第二款　养子缘组事件

养子缘组事件，乃以养子缘组之无效或取消或离缘为目的之诉讼事件之总称（民851、862以下）。

养子缘组，为社会的生活上必要之制度。国家就关于养子缘组之各诉讼，有利害关系。故使检事参与关于缘组之各诉讼，而其大要与婚姻事件无异，但检事不得提起养子缘组取消等之诉（人诉262、356）。

【案】例如，以甲为养子而误以乙为养子，则人违之事件，即养子无效诉讼成立之理由也；养亲必要成年者，如未成年者，则养子无效或取消之诉讼成立之理由也；养亲虐待养子，此离缘之理由也。检事于婚姻之诉但取消可以为当事者，于养子之诉虽取消，亦不能为当事者。

养子缘组之原因约有五端：一祖先祭祀，二家之继续，三财产之相续，四慈善，五慰藉。欧洲大陆诸国养子之原因在慰藉起见，日本养子原因为家统起见，①此东西之异也。

养子养亲之制度乃出于法律上之拟制，②然其感情往往恶薄，③故现今国家有不采用养子制度者。多数国家既不采用此制度，则关于养子养亲之诉讼，为检事者必须详细审慎，以使其能达养子养亲之目的。否此，陈述意见在今日为必要也。

---

① 家统：家族传统。
② 拟制：拟制血亲。
③ 恶薄：刻薄。

第三款　亲子关系事件

亲子关系事件，凡以子之否认（例如，婚姻后 200 日以前所生之子，可不认为己子）或认知（认知可以听父或母之自由，否认则必经裁判所）、其认知无效（认知无效，如父母有精神病）或取消（取消，如迫胁认知者）为目的之诉讼事件，以定父为目的（如改嫁后 200 日以前所生之子）之诉讼事件（民 821），及以亲权（管理其子财产并监督其子之权曰"亲权"）或财产管理权之丧失（假使父亲之不品行及其他之理由，则亲权之丧失问题以起财产管理之丧失，乃指亲权一部分之丧失，如亲不善于理财是也。然监督权尚在也）或失权取消为目的之诉讼事件皆是（民 822 以下、827 以下、896 以下，人诉 27、31）。

亲子关系于社会的生活有密接之关系，因之国家就关于亲子关系之各诉讼有利害关系，故使检事参与亲子关系之各诉讼。

【案】因法律上之亲子关系，不能如社会上实行之亲子关系。故国家欲使社会上之亲子关系与法律所规定者合一，此检事参与亲子关系诉讼之理由也。

法律规定离婚以后非 6 个月不能改嫁，所以恐与定父为目的者相反也。认知以后，私生子可以为庶子；① 不认知，则只可为私生子。国家设立认知制度，所以使私生子不终于私生之名。

上古时代财产关系，夫可以妇及子为财产，② 虽处杀亦可。中古时代身份关系、家族制度发达，有家长身份。至个人制度之发达，则妻有妻之身份，子有子之身份。日本用家族、个人两制度并行。故子有子之身份，一方面又有家族之身份。

---

① 庶子：嫡子以外的众子或妾所生的儿子。
② 及：控制、处分。

甲、陈述意见

一则检事得于亲子关系事件之辩论或审问期日，到场陈述意见（参照婚姻事件之说明，人诉395）。

二则得提起其所调查之事实及证据方法（人诉37）。

乙、当事者

一则检事得以父或母为彼造，而提起以亲权或财产管理权丧失为目的之诉（民896、897，人诉39、21—23）。

二则以定父为目的之诉之彼造死亡后，则为其诉之彼造（参照婚姻事件之说明，人诉39）。

第四款　禁治产事件

禁治产事件，乃关于禁治产宣告及其取消之诉讼事件之总称也（民7、人诉40以下）。

禁治产事件乃限制在心神丧失常况之个人之行为能力，[①]而保护之之事件也。于国家之利害有重大之关系，故国家使检事参与禁治产事件焉。

【案】禁治产事件与人之行为能力有关系，其影响于国家社会上甚大。学者谓非讼事件者以应否定后见人为目的，并无私权确定强制执行之办法。故曰"非讼事件"。此等学说不以德、日规定民诉中为然。

有一问题，禁治产事件为诉讼事件，为非讼事件乎？德意志采两种观念，规定于民诉；日本采之甚妥。各国立法要以便宜起见可也，不必拘于学说。因国家之立法不能照学者之议论，此辩论之所以日多也。

---

① 常况：正常状况。

谓此为诉讼事件者，因禁治产事件在办理上之便宜，亦当用诉讼事件之方式，故不妨规定于诉讼事件中。对于禁治产之决定，以前则用非讼事件；对于决定以后申诉不服，其以诉之方法，则诉讼事件。此主张一半非讼、一半诉讼之说也。因禁治产事件争论，则以非讼办法费用少，若有申诉再用诉讼办法，此主张一半非讼、一半诉讼之理由也。余亦以与私权确定强制执行之无关，仍主张非讼事件。

第二说主张诉讼形式者、为诉讼事件者，甚浅而无理由。例如，当选诉讼人无称其为诉讼者。

甲、意见陈述

一则检事得于期日到场，陈述意见（参照婚姻事件之说明，人诉455）。

二则（检事）得提出其所调查之事实及证据方法（人诉60）。

乙、当事者

一则检事得为禁治产之申诉（民7）。又与他人为禁治产之申诉时，得参与事件为申诉，以助手续之进行（人诉45、54）。终结禁治产手续之决定，裁判所以职权送达于申诉人或检事（非为申诉人时，人诉51）。此因禁治产手续并不公行（人诉44），故无宣告之必要。又检事不问其为禁治产宣告之申诉人与否，而皆送达之者，则因检事如后所述，得以申诉不服也。

二则对于禁治产宣告之裁判，自其决定生效力之日为始，得于一月之期间内，以禁治产者之法定代理人为彼造，而以诉为不服之申诉（人诉52、55、57）。此出于使为郑重之审理之法意也；又对于禁治产申诉却下之裁判，自裁判送达之日为始，得于7日之不变期间内以即时抗告申诉不服（人诉54）。此出于使终结迅速之法意也。

三则禁治产之原因已终时，得申请禁治产宣告之取消（人诉62）。

检事对于取消禁治产宣告之决定,得以即时抗告申诉不服(人诉65);又对于禁治产取消申诉却下之决定,得以禁治产者之法定代理人为彼造,而以诉申诉不服(人诉65、66);但出于形式上之原因,如对于因裁判所管辖错误而却下禁治产取消申诉之裁判,仅得以抗告申诉不服而已(民诉455)。

【案】其他诉讼事件之决定,以抗告申诉不服;对于禁治产之决定,以诉申诉不服。此两种之异,不可不注意。

以抗告申诉不服,不必经口头辩论;以诉申诉不服,必经口头辩论。诉必用诉状,抗告不必用诉状,此又两种之异也。

寻常事件之手续,则控诉、上告、抗告。至人事诉讼事件,则因抗告而诉,由诉而生出判决,由判决乃生出控诉、上告之手续。

第五款　准禁治产事件

准禁治产事件,乃关于准禁治产宣告及其取消之诉讼事件之总称也(民11—13)。

准禁治产事件,乃限制心神耗弱者、聋者、哑者、盲者及浪费者之行为能力,而保护其利益之事件也,于公益上颇有重大之关系。故国家使检事参与准禁治产事件,其方法类于禁治产事件(人诉67、68)。

第六款　失踪事件

失踪事件,乃关于失踪宣告及其取消之诉讼事件之总称也(民30以下)。

失踪乃于法定年间生死不分明之不在者,因裁判上之宣告视为死亡者之状态。故其宣告及取消与人之生死同为重大之事项,事关公益,国家因使检事参与失踪事件焉。

【案】申诉不服，规定于民事诉讼法之中者最多。兹仅举关于失踪之申诉不服最重要者（如下图10所示），言之。

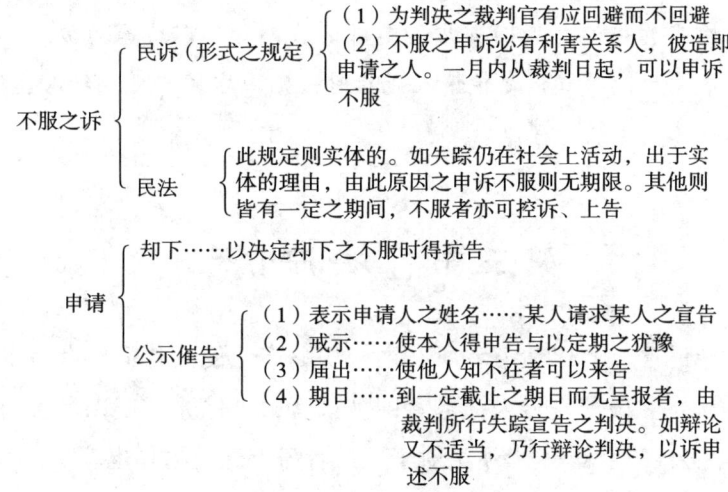

图 10　检事参与失踪事件示意图

甲、意见陈述

检事得就失踪之宣告或其取消之申诉述其意见，且得于期日到场。故应以事件及期日通知检事（人诉74、54）。

乙、当事者

检事无申请失踪宣告之职权。此因检事惟为保护不在者之利益计而参与失踪事件，不必使为失踪宣告之申诉，以不利于不在者也（民30）。

又（检事）无提起失踪宣告取消之诉之职权。盖失踪宣告之取消，以关于失踪者及利害关系人之利害为主故也。然对于失踪宣告之判决，自利害关系人提起取消之诉时，若为彼造之失踪宣告申请人死亡，则此后以检事为彼造（参照婚姻事件，人诉7、52）。

【案】失踪事件，若提起取消之原告死亡时，则由裁判所照婚姻之办法选辩护士为原告。《德国民事诉讼法》第974条于此场合以检事为彼造，与日本不同。日本须起诉以后，申请者死亡乃以检事为彼造。德国则勿论起诉前后，皆可以检事为彼造。然则日本关于此种起诉之申请人死亡时，则以申请者之相续人为彼造，不如德国办法之佳。

第三节　破产诉讼

破产诉讼，乃以债务者所有之一切财产，使其各债权者得平等偿还之诉讼。受破产宣告之债务者即破产者，被停止行使以名誉与信用为基本之公权及私权，① 所谓对于破产者身上之效力是也。

对于破产者身上之效力，若使终破产者之身而不消灭，则于社会政策上不得其当。故日本及法国系诸国之破产法，无不设消灭对于破产者身上之效力之方法，即所谓"复权"是也。复权之许否关于公益，故国家使检事参与申请复权之裁判手续，以陈述其意见（商1056）。②

【案】对于破产者之身上效力，各国不同。大概不能为官吏、议员。

总之，关于名誉、信用所受之制裁甚重。德意志法律有行于

---

① 公权：与私权相对，指公法上所有权利的总称，如自由权、参政权、请求国家行为权等；私权：与公权相对，指私法上所有权利的总称，如财产权（物权、债权、继承权、知识产权中的物质收益权）、人身权（人格权、身份权等）等。

② "商"，即《日本商法》简称，下同。

德意志全国者，有行于各联邦者，故并无复权之规定。

第四节　诉讼上之救助

诉讼上之救助，乃因当事者，如非灭杀自己及其家族生活所必要之费用，不得支出诉讼费用，则为保护其利益计，准此等当事者暂时缓缴诉讼费用之手续也。

【案】求助之办法有二：一免除，二暂缓。德、日采暂缓办法。

其事关于公益，故国家使检事参与诉讼上之救助手续。

例如，检事于申请付于诉讼上救助之裁判前，陈述其意见；或对于赋予诉讼上救助之决定，而为抗告是也（民诉101、102）。

例如，贫民不能缴诉讼费用而实有权利之可主张者，故以救助之手续保护。

日本救助检事参与；德意志则救助手续检事不参与。

（综上所述），检事参与民法上之范围，究竟应广乎，狭乎？此近今之问题也。

第二章
检事与非讼事件

第一节　共　力

检事就非讼事件而为共力，乃日本、法国及德意志之所一致者也。

【案】共力者，非使检事干预裁判，不过借检事之力，可以使裁判之办法好也。

然其范围，各国不同：就德意志言，检事之共力范围最狭；就法国言，其范围最泛；日本介于德、法之间。

虽关于非讼事件之法令颇多（《人诉非讼事件手续法》《户籍法》《不动产登记法》《船舶登记规则》《竞卖法》等），而其根本皆在于民法或商法。故以分非讼事件为民事非讼事件及商事非讼事件，为通例。兹据日本之法律，略述非讼事件与检事之关系。

第二节　民事非讼事件

民事非讼事件，乃规定于民法之非讼事件。其裁判不仅系于一私人之利害，而关于国家之利益，故国家使检事参与之。

甲、意见陈述

检事得就民事非讼事件陈述意见，又得于审问时到场（非讼 15）。

例如，法人缺理事，且因迟滞而虑有损害时，^① 利害关系人即如债权者等，申请假理事之选任，^② 则检事参与其事而陈述意见是也（民56）。

乙、当事者

检事对于裁判所有求关于民事非讼事件之裁判者。例如，法人与理事之利益相反时，理事无代表权。故检事对于裁判所申请特别代理人（专代理此一时）之选任（民56、57）。

又不在者，不置财产管理人时，检事对于裁判所申请为关于其财产管理所必要之处分之裁判是也（民25）。

第三节 商事非讼事件

商事非讼事件乃规定于商法之非讼事件，其裁判关于公益，故国家使检事参与之。

第一款 意见陈述

检事得就商事非讼事件陈述意见，又得于审问时到场。例如，裁判所对于非会社而于商号中用可示其为会社之文字之各商人，处五圆以上五十圆以下之过料时，^③ 则检事参与之而陈述意见是也。（商18第2项、207）。

第二款 当事者

检事得对于裁判所求商事非讼事件之裁判，（为当事者）。例如，

---

① 迟滞：停止不动。
② 假：假设、假使。
③ 过料：罚款。

会社违反于公秩之行为时，检事对于裁判所求该会社之解散是也（商48、非134）。

【案】非讼事件之关系紧要，亦只于近十年为然。然各学校中，如非讼事件之讲座尚无之。今日学者方始注目，将来发达必过于民事诉讼。将来中国立法，亦应注重于此。

附 言①

司法官厅自起之民事诉讼，②及对于司法官厅所起之民事诉讼，由附置于其官厅之检事局代表该官厅。故检事立于当事者之地位行其职务。此因不过就国家立于一私人地位所为之民事诉讼，（与）代表国家于公益问题，绝无关系［裁构124、明治二十五年（1892年）司法省令5号］。

【案】例如，审判厅与人买卖关系之诉讼，则审判厅立于私人之地位。

又非讼事件之过料裁判，检事本于强制执行之规定而执行之（非讼208），此不过规定裁判之执行方法，于公益问题绝无关系。

【案】过料之性质，就今日学者之议论有三：或曰秩序罚，③或曰行政罚，或曰执行罚。虽有强制执行之性质，而过料不可以刑罚视之，且不规定于刑诉（法）之中者。为此，秩序罚与刑罚混而为一，此旧派学者皆然。然务要知此非刑罚之性质。

近来非讼事件日多，则秩序罚亦日广，此不可不辨明性质也。（如照）《登记法》规定，如法人之理事10日内不登记，科料；又10日又不登记，又科料；至3—4仍科料，非如刑罚再犯加重也。

---

① 附言：在已完成作品（如一封信、一篇文章或一本书）后而附加的一个或一系列注释，通常表示一个事后的想法或附加的资料。
② 自起：自己提起。
③ 秩序罚：类似于现今的治安管理处罚。

第三编 行刑法与检察制度①

---

① 本编为"[日本]小河滋次郎口授;(华阳)郑言笔述;(云阳)蒋士立编纂",并印在原书本编编名页上。

通 论

第一章 行刑之意义及其在刑事制度上之地位

第二章 行刑之要件

第三章 不能行刑之理由

各 论

第一章 死 刑

第二章 自由刑

第三章 自由刑之利害

第四章 附随于刑罚权之国家的保护任务

通 论

第一章
行刑之意义及其在刑事制度上之地位

【案】行刑法在刑事诉讼法以为一种特别法,现今各国十分发达,因期间短促不能详言,此其大略而已。

第一节　行刑之意义

行刑云者,乃指执行有一定职权官署所处断之刑之行为而言也。[①]行刑分为二种:一曰形式的行刑,一曰实质的行刑。行刑之本义,原不独限于裁判所(通常裁判所及特别裁判所)之所处断者而已。如执行据行政官署之职权所决定之刑,亦当包含之(而法制上之刑罚种类,如下图11所示)。

$$
\text{法制上之刑罚}\begin{cases}\text{刑法罚……本论属之}\\\text{秩序罚……如暴动、扰乱秩序}\\\text{纪律罚}\\\text{违警罚}\end{cases}
$$

图11　法制上之刑罚种类示意图

然本论之目的所谓行刑,则专关于执行裁判所或有裁判所性质之行政官署,所处断之刑罚耳。

---

① 官署:官厅、衙门,官员办公的地方或执业场所。

【案】以伤害加于犯罪人之身曰"行刑"，有广狭两义：广义之行刑，凡行政官厅皆可行之，不独裁判所；狭义之行刑，专属于裁判所。

第二节　行刑与裁判须区别其所属

有采用以行刑之一部分，附属于裁判事务之制者（德意志）。然理论上及实际上，皆莫如使全属于行政范围之适当，而且便利。故行刑与裁判须区别其所属（《日本裁判所构成法》第6条、《日本刑事诉讼法》第320条）。

【案】以行刑归于裁判所，德意志行之。然就法理言，裁判本司法性质既分三权，则司法中不应有行政事务。故法兰西划然分之。

《德国刑事诉讼法》第483条"最下级裁判所"，一部分行刑事务归裁判所管辖。

第三节　行刑法令之规定

刑事诉讼法中之行刑规定，多关于形式的行刑之事项；其关于实质的，则专归监狱法及其他特别法规定焉（《日本刑事诉讼法》第八编、《德国刑事诉讼法》第九篇）。

行刑之形式的或实质的事项规定于刑法中者，亦非鲜少［《日本刑法》第11条死刑，第18条5、6、7各项金刑，第21（条）未决拘留，

第22—24条刑期,第28条及第29条假出狱等]。①且有采用特以关于行刑之重要事项,规定于刑法上之方针者(《意国刑法》《瑞士刑法草案》)。

至近世刑事立法之趋向,则似承认关于行刑之事项省之于刑法,②各自由刑之执行概让特别法令规定焉(《日本刑法》《荷兰刑法》)。

【案】日本旧《刑法》规定行刑之事项颇多,新《刑法》则不规定,让之其他之特别法。荷兰行刑法概让特别法之规定。行刑法之发达因监狱之圆满而然。如监狱尚未十分发达,又无一种特别之法规定之,而以命令行刑,往往易于变更。故不能不规定于刑法之中。如监狱诸法皆发达,则刑法中又可以不必规定也。

第四节　行刑占刑事制度一要素之地位

立法、裁判、行刑乃刑事制度之三大要素也。其权能虽各有所异,而其终局之目的则同。必使三者整一合步,而后始能全刑事制度之任务焉。③

昔者惟知重立法、裁判,而不知行刑有相鼎立之关系。其后采用自由刑为刑(罚)之一种时,始知有此关系。洎乎自由刑之适用范围渐次扩张,④于是因之而愈知行刑任务之重大,终至于今日行刑竟占刑事制度一要素之地位焉。

---

① 金刑:罚金刑;假出狱:假释出狱。
② 省:省略。
③ 全:成全。
④ 洎:等到。

【案】从前刑法多死刑或身体刑或徒流刑，甚属简单。其执行刑法，无论何人皆可行之。至采用自由刑则行刑之人非有学问不可，非有经费不可，断非无学之人所能。故今日行刑之地位直（接）与立法、裁判相独立，为一种之特别机关，如监狱是也。

第二章
行刑之要件

第一节　要件之种别

行刑之要件，分为实质的及形式的两种。判决及判决确定，则属于行刑之实质的要件（《日本刑事诉讼法》第317条非判决确定后不能执行）。

【案】德国火耳真特耳弗有言曰：①执行刑法为实质的，裁判不过形式的。倘仅有裁判之形式而执行无实质适用之精神，则裁判官亦为虚设。所以立法与裁判无行刑法，则皆归无用也。

荷兰刑法为当今世界刑法之冠。然自修订草案至发布尔日期中间，经50年之久，何也？自1825年制定草案时，荷兰人德天叠克谓：②政府不须问刑法草案之是否，先问政府有此执行刑法之机关，如相当之监狱是也。荷兰人因此语之感动，经营50年之久，养成执行之官吏，改良监狱之构造，③至1881年乃发布此草案。故今日世界改良监狱，不得谓非此一语之嚆矢也。④

此外，法、德、意大利刑法皆为世界之先，而法兰西之刑法尤为最早。因拿破仑好大喜功，但以一完全之刑法宣示各国，使

---

① 火耳真特耳弗：德国刑法学家。
② 德天叠克：荷兰法学家。
③ 构造：建造。
④ 嚆矢：响箭。因发射时声先于箭而到，故常用以比喻事物的开端，犹言先声。

他人皆知法国有此法律。至其执行之机关能否实行其刑法之精神，则一概不问。德意志、意大利皆如此。即日本去年改正刑法尤为美备，然其果否实行，则不敢预期必之。

日本监狱非不改良，其弊尚且如此，其他不能设备执行之机关者可不问矣。

第二节　实质的要件

第一款　判决

有判决即宣告刑罚（《日本刑事诉讼法》第 203 条及第 204 条），而后始有执行刑罚之目的物。故非证明具备此基础的要件，则无论对于何人亦不能行刑，固不待（言）而明矣。①

判决以限于帝国裁判所，或与裁判所有同等职权之帝国行政官署所判决者为本。则在外国所判决据刑法（《日本刑法》第 5 条）除减轻或免除以外，毫无为行刑要件之效力也。

【案】判决指本国裁判所及本国行政官所判决者。如外国行政官则无判决之要件。本国人民在外国犯罪已受外国之裁判执行，回至本国，裁判官仍可判决（《日本刑法》第 5 条）。凡在外国犯罪，裁判所可以减轻或免除。盖原则上不认外国裁判之裁决也。

第二款　确定判决

判决必系确定，而后始生执行之效果（《日本刑事诉讼法》第 317 条）。

---

① 不待：不必、不等、不用。

判决因：①上诉期限经过；②上诉之取下（本人取消）；③上诉弃却之决定或判决；④终审裁判所之判决，而确定。

此外，尚有以放弃上诉权认为确定之一条件者（《德国刑事诉讼法》第344条）。然《日本刑事诉讼法》则不采用以放弃上诉权为确定判决之主义也。

【案】裁判所之裁决执行必有不得已之事由，始俟上诉期间之经过。① 日本必经过上诉期限乃为确定之一条件。

然余以德意志之法为然。本人既经放弃上诉权，则不妨认为确定，于实质上亦甚合宜。如日本因未决拘留，必俟上诉期限已过，而后执行。则其人在监之日，转不如放弃上诉之日即为确定之日，少就经费日期。② 本人各方面不如德意志之法为善也。

再如，日本采用主义于犹豫行刑制度反生冲突。③ 如必俟上诉期限经过，则欲行犹豫行刑，反使犯罪之人多拘留几日，不便执行。故余以德意志之主义为当。

甲、上诉期间之经过

上诉分为控诉（《日本刑事诉讼法》第二章第250—266条）及上告（《日本刑事诉讼法》第三章第267—291条）。

检事及被告人对于判决皆可以上诉，而检事亦不妨为被告人之利益而上诉（《日本刑事诉讼法》第243条）。

辩护人（《日本刑事诉讼法》第243条）、法律上代理人（第244条）及其他诉讼关系人（第242条），亦有以代理或独立之资格为上诉之权。

有此上诉权者，若经过法定期限不上诉时，则判决遂生确定效力。

---

① 俟：等待。
② 就：计算、靠近。
③ 犹豫行刑：缓刑。

法定期限控诉时，自判决宣告日始 5 日为限（《日本刑事诉讼法》第 252 条）；上告时，则以 3 日为限（第 271 条）。但缺席判决之际在有故期间内，① 即 3 日内（第 229 条）可以不称有故，即得上诉（第 252 条第 2 项）。又因天灾及其他不可避之事变经过法定期间时，可以恢复因经过期间所失之权利（第 247 条）。

【案】德国勿论上告、控诉，皆一周（时）间。

乙、上诉之取下②

上诉在其判决以前，上诉者无论何时可以取下。而取下时，即发生确定之效力（未取下时判决不能确定），但检事不能取下上诉（《日本刑事诉讼法》第 246 条）。

【案】《德国刑事诉讼法》检事亦可取下，然德国主义检事为被告利益而上诉者，非经被告人本人之承诺不能取下，此见于《德国刑事诉讼法》第 344 条。

丙、上诉弃却之决定或判决

在经过法定期间后之上诉，由原裁判所以决定弃却（《日本刑事诉讼法》第 255 条及 276 条）。③

弃却即有使判决确定之效力，但对于弃却之决定为抗告时，则不在此限。对于控诉裁判所之控诉弃却判决（第 260 条及第 261 条），尚可以更为上告；而上告裁判所之弃却（第 285 条），则即生判决确定之效力焉。

---

① 有故：因为有事。
② 取下：撤回。
③ 弃却：放弃、不采纳、驳回。

丁、终审裁判所之判决确定

上告裁判所若认上告为有理由时，则宣告破毁其原判决之部分，[①]以其事件移于他裁判所（《日本刑事诉讼法》第286条）。

然若因拟律错误或违背法律受理公诉而破毁判决时，则不移其事件于他裁判所；上告裁判所自为判决（第287条），其判决为终审裁判，故即生确定之效力。

戊、确定后之恢复权利（之）手段

对于确定判决恢复权利之法的手段，有非常上告及再审两种。

非常上告云者，乃不问第一审、第二审对于法律所不法之行为，而宣告以刑或宣告比相当之刑较重之刑时，在法定期限内无上诉者，于其判决确定之际，有受上告之权之检事据司法大臣之命或以其职权，无论何时对于其裁判所要求其更正裁判之谓也（《日本刑事诉讼法》第292条）。

再审云者，乃指裁判确定后，检事受刑之宣告者或亲属为其人之利益所得用之救济法而言也（第301—309条）。

【案】要求再审之人虽条件不备，监狱中不能不收。惟其如此，则执行之官吏如监狱，皆不免繁难，究不如使监狱者有审查之权，免致求再审之人太多，裁判所多弃却之劳，监狱官多接收之累，此两便之道也。

在今日之法制，无论何时均可提起再审，倘此制度实行，则死刑断难实行，何也？人当将就死刑，则必要求再审裁判，终必弃却。而监狱中不能不收，而死刑又不能执行。推此制度，人人明法律，人人皆不愿死，而要求再审者日多也。

---

① 破毁：破坏摧毁、撤销。

第三节　形式的要件

实质的行刑之效果，虽与判决确定同时发生，然非再具备一定之形式，仍不能开始实行行刑也。即在死刑时宣告确定之后，检事当速呈诉讼记录于司法大臣，俟有其命令时，始能执行（《日本刑事诉讼法》第218条）。其他之刑，皆必要有检事之指挥（第310条）。

而自由刑则在指挥书以外，尚要交付判决书（《日本监狱法》第11条），所谓形式的要件即此是也。

第三章
不能行刑之理由

第一节 概 论

对于一定之人之刑之宣告确定时，国家即有对于其犯罪行为处以刑，且执行其处刑之权能也。

而实现此权能（形式的行刑）者，即检事之任务也。然此任务不能常期，其必行；若有一定之原因，则此任务不得不归于不可能，所谓不能行刑之理由者，即此是也。

【案】有下列理由，虽然判决确定、行刑要件具备，仍不能行刑者是也。

第二节 事实的理由及法为的理由

不能行刑之理由，自其性质上可分为事实的及法为的两种。死亡及不治之精神病，属于事实的不能之理由；恩赦及（追诉）时效属于法为的不能之理由。

【案】（追诉）时效，如某种刑经过多少年不能执行是也。

第一款 死亡

处刑之目的物为犯罪个人，若犯罪个人在判决确定后死亡时，则

失处刑之目的物，故自然使行刑之权能不能实现。但权能本体尚依然存在，则不待言矣。

此理由在执行金刑时，亦以适用之为本。则其以金刑视为一种债务，判决确定后对于受刑者之遗产执行之规定（《德国刑法》第30条），终不得谓为合乎法理者也。

【案】今日刑事制度之观念，专以犯罪之本人为处刑之目的物。如本人死亡，则行刑之目的即不能达。曩日行刑之目的不专在本人，① 但有犯罪即须行刑，而本人之死亡与否不论焉，此戮尸枭首之所由来也。②

今日虽有解剖尸身之事，然无有刑法上之性质；此不过为研究学问起见，不独受死刑者有之，即非死刑与自由刑及不犯刑法之人亦有之，然非可与戮尸枭首等视也。③

第二款　不治之精神病

受刑之宣告者，在判决确定后罹不治之精神病时，④ 亦可为使刑之执行不可能之理由也。何则？不治之精神病者永久不能自知处刑之意义，终不能达处刑之目的故也。

【案】刑法之目的在感化改良其人，而精神病之人并无知觉，其犯罪亦出于不知，感化改良亦无所施其技，故刑法亦可不执行。就理论言之，不执行精神病之理由不能作为绝对的，⑤ 只可作

---

① 曩日：以往、以前、往日。
② 戮尸枭首：为惩罚死者生前的行为，挖坟开棺，将尸体枭首示众。
③ 等视：同等看待。
④ 罹：罹患。
⑤ 绝对：终止。

为停止的。① 因其人之病有时而疗，② 若以绝对的不能行刑，法权多不能达其目的。

故现今各国均认为停止的，俟其人之病愈而仍可执行最为当也。

第三款　恩赦

恩赦者，本于大权之放弃刑罚权之行为也（《日本宪法》第16条）。③ 恩赦（恩赦大都规定于宪法之中）分为大赦、特赦及减刑三种。

大赦者，以特别之际对于某种类之犯罪之赦免也。不问在判决确定前后，有消灭一切刑罚权之效果。

特赦者，乃对于特定之受刑者（特赦必待裁判判决后）放弃其确定刑之一部或全部之执行权也。

【案】如监禁10年罚金千元，有时免其罚金千元者，谓之一部分；有时并监禁罚金而全免者，谓之全部分。

减刑者，亦系对于特定受刑者因大权而减轻其确定刑之方法也。

【案】此与规定于刑法中之减轻不同，此种减轻由裁判官以君主之大权执行之。

二者（即恩赦与减刑）效力所及，不过仅属于行刑之范围。故对于大赦名，④ 特赦及减刑为狭义之恩赦。

---

① 停止：中止。
② 疗：治愈。
③ 大权：王权、国家权力、重要的支配权利。
④ 名：来说。

恩赦权得委任于行政官署。德国本于恩赦权之委任以附条件恩赦之名，采用犹豫行刑之制焉。

【案】大赦可以使刑法之效力，全然消灭。如再犯则不加重。[1] 至特赦、减等则刑法之效力当然存在，以后再犯，则必加重。此两者之区别也。

大赦非一国之主权者特别原因不能有之，而特赦之原因则或因刑法之错误、或因判决之过重、或因不必要之事由种种有之者。恩赦虽根于君主大权，然亦有可委任于司法大臣者。

日本用特赦之处甚多，一年多至数十起，何也？因刑法不完全之故。如杀婴儿罪系谋杀罪，而其情形甚可怜者，因贫而欲养父母，不能不杀其难养之婴孩，故就法理论为犯罪而又不能曲宥者，[2] 此其一也。

又如伪造官文书之罪，有因谋公益而伪造者，依法理则为重罪，而事实则又有可原者，刑法既不能完全，则不能不时用恩赦之法也。

假出狱与特赦、减等不同，虽不在狱内执行刑罚，而其罪尚在；不如特赦、减等之变其犯罪之性质或竟取消其刑法权之效力。此其异点，不可不注意也。

恩赦于法理不合，使人生侥幸之心。将来刑法进步，此种可不用之。

特赦之用太多，于司法权之威信有害。如德意志之特赦所用甚多。如决斗为德意志之习惯，甚有以军人之资格而从事决斗者，在裁判所则判其犯罪，在德皇时以大权特赦之。因此，决斗之风

---

① 再犯：再次犯罪。
② 曲宥：曲意宽容。

日炽，① 而不决斗几无以保其军人之资格，而刑法权之信用几为所掩，② 此特赦之弊也。

第四款　时效

时效者，因时之经过有消灭刑罚权效果之公法的规定也。故行刑官署当一切行刑之际，有调查时效有无之责任。虽该受刑者放弃因时效所得免刑之权时，亦不得执行刑罚。

时效中虽有公诉时效与行刑时效之区别，然其所异不过在确定判决之前后而已，至其消灭刑罚权之效果则一也（《日本刑事诉讼法》第8条、《日本刑法》第31—34条）。

行刑时效，③ 因在下列期间内未受执行而完成焉：死刑判决确定之后经过30年；无期惩役或禁锢经过20年（德国制度无期惩役亦30年，与死刑同）；有期惩役或禁锢之时效10年以上者为15年，3年以上者为10年，未满3年者为5年；罚金（经过）3年；拘留、科料及没收（经过）1年。

【案】日本时效制度较德意志稍宽。

行刑时效之期间，以自裁判确定之日起算为原则。若据法令，犹豫（行）刑之执行（《日本刑法》第25—27条）或停止（患病怀胎）执行（《日本刑事诉讼法》第318₃条及第319条第2项）时，则自犹豫（犹豫期间不能进行时效）或停止终了翌日起算（《日本刑法》第33条）。④

---

① 炽：多。
② 掩：遮掩、掩盖。
③ 行刑时效：亦即追诉时效。
④ 翌日：次日、第二天。

又在时效进行以后，死刑、自由刑因为执行逮捕其人时而中断，金刑因执行征收行为时而中断（《日本刑法》第34条），行刑时效唯免除刑之执行而已，非有消灭刑之宣告之效果者也。

【案】消灭刑之宣告，二次犯罪不以再犯科之；免除执行，则二次犯罪当科以加重；至犹豫行刑，则唯初犯者行之，此其不同之点也。时效制度，英国行之最多。

（确立）时效制度之理由有二：犯罪者逃避既历30年之久，其所受之苦亦多，刑法之作用亦不过如是。故既经30年而可不执行者，此其第一理由也。犯罪至30年、20年之久，其事实亦已久忘或至证据全失，若欲科罪，则调查既难，而社会且淡忘之。故可以不必科罪之第二理由也。

然余不主此两说，何也？刑法之政策原以保护社会之安宁秩序为目的，犯人既经30年、20年之久不害于社会，则刑法之目的已达。不似古时之报复主义，此时效制度之理由，不必主张前之两说也。

各 论

第一章 死 刑

第一节 死刑存废问题

死刑存废之问题自别加利亚（意大利人，1864年著《废死刑论》）以来，① 学说上议论纷纷，莫衷一是。

然立法上既断行废止者，② 亦不少。故实行有反成变例之势焉（参照拙著《死刑废止论》）。③

【案】荷兰、意大利、美国（13州）数邦及瑞士（尚未实行）刑法草案。如瑞士、芬兰、丹麦、比利时等亦仅存其名而已，数年间未尝实行一次。其他虽称为刑制上保存死刑名实之国（如英、德、法、奥），④ 而今日对于适用死刑之犯罪种类亦严加限制，且实行之际亦甚少。

废死刑之最早者为意大利古时之一小国特斯卞纳（トマカ

---

① 别加利亚，即贝卡利亚。
② 断行：断然施行。
③ 变例：原则以外的例外；拙著；谦称：我——小河滋次郎。
④ 名实：名称和实际或实行。

ナ），①彼时各国皆用死刑，惟此小国行之，其效果至犯罪人愈少，于此可见其有利也。

日本适用死刑较西洋稍多，每年有三四十人，以较英国每年只有十五六人，则日本当在多数。他国适用死刑，多限于谋杀，而日本则于谋杀外，如放火、决水、加害于火车、轮船皆科死刑。名目既多，则犯罪必众，此死刑多于他国之原因也。

一般舆论皆主张限制死刑，而废止死刑者虽未能实行，而亦渐成一般之舆论。如本年俄国之新闻（报）纸有欲废止死刑，而提出议院者；法国则于去年将死刑之费用预算案削除，亦为将来废止死刑之先声。②旷观世界各国，将有不二三年全行废止之势，盖不仅成为舆论已也。

日本去年新《刑法》之发布，其草案之编纂经数十专门家之手，而死刑废止之研究至数十日不决，卒以赞成者少。故日本新《刑法》尚未废止死刑。然知宜废者日多，③数年后亦必全废无疑也。

德国当日刑法主张废死刑者为一般舆论，其提出议院两次，皆多数赞成。卒至第三次议会而反对者乃成多数，此盖因德之联邦新归统一，而俾斯麦欲以法律统一联邦，故出奋其长舌运动之，然实非舆论之效力也。④

自由刑自近代始发达，而身体刑则古时有之，近今文明国皆

---

① 特斯卡纳：托斯卡那。神圣罗马帝国皇帝利奥波德（Leopoid Ⅱ，1790—1792年在位）在即位前，主持制定了《托斯卡那刑法典》，采纳了贝卡利亚的学说，废除了死刑。

② 先声：领先发出的声音，指开创潮流的事物。

③ 宜：应该。

④ 奋：提起、举起；长舌：劝说、说服；俾斯麦：即奥托·爱德华·利奥波德·冯·俾斯麦（Otto Eduard Leopold von Bismarck，1815—1898年），德意志帝国首任宰相（1871—1890年）；运动：求达到某种目的而奔走钻营。

无也。惟英国对于16岁之男子犯罪，则用笞刑；丁抹则16岁以下之男女，亦用笞刑。①

此外，各国大势谓全然废绝亦可，此刑罚法之说。至秩序罚，则英、德、奥三国尚行于监狱之中，《日本监狱法》则无此规定。余所著《笞刑废止论》宜参考之。

第二节　执行与不得执行

死刑虽亦在宣告确定时，即有可以执行之效力（《日本刑事诉讼法》第317条）。然必俟有司法大臣之命令，而后始能执行也（第318条）。

受宣告死刑者若心神丧失时，则未痊愈以前，不得执行死刑；怀胎者未分娩后，亦不得执行死刑（第318_3条）。

【案】日本则自裁判所送达其确定书于司法大臣，由司法大臣视其可特赦否。如可特赦，则请于君主而特赦之。非然则以命令命其执行，似特赦之权在司法大臣。

然各国则应否特赦，皆由君主酌定，其制较日本为优。

第三节　拘　禁

受宣告死刑者在执行以前，拘禁于监狱（《日本刑法》第11条、《日本监狱法》第1条）。

拘禁之目的不过为确保执行而已，毫无行刑之性质，固不待言。

---

①　笞刑：古代五刑之一，以竹板或小荆条抽打背部或臀部，自10下至50下，分为五等；丁抹：丹麦。

是以监狱当准刑事被告人，待遇之也（《日本监狱法》第9条）。[1]

【案】如无法律规定不能拘于监狱，盖未受执行以前与常人同。以监狱虽为执行地，而人非为执行来，故法律规定拘禁者，但恐其逃走而已。监狱中不能以自由刑加之也。

死刑者在监狱中非自由刑人、非刑事被告人，当准刑事被告人，因其人不过在彼待死刑之人耳。故置之刑事被告人一类，较隔别安置为优，而危险转少也。

欧洲则监狱中置官吏两人看守之，则费繁事冗。[2]其结果，尚不如置之刑事被告人一处之为得也。

第四节　执行之任务及拒绝

关于实质的执行死刑之任务，则属监狱之主管，由典狱统理之。[3]

【案】检察官但能于形式上指挥命令。

若虽具备行刑之要件，而该受宣告死刑者怀胎或在心神丧失之健康状态时，则当以其事由申请于司法大臣拒绝其执行。

又大祭祝日1月1日、2日及12月31日，[4]亦绝对不能执行也（《日本监狱法》第71条）。

---

① 是以：因此，所以，故；准：依照；待遇：对待、礼遇。
② 费繁事冗：费用繁多，事情复杂。
③ 典狱：典狱官、典狱长，古代监狱中的犯人都会由监狱最高长官编排并列出相应名册。这部名册叫作狱典，负责记录名字的叫典狱，故监狱长又称为典狱长。
④ 大祭：重大祭祀。

第五节 执行之实质的事项

执行死刑之实质的事项有九：①指定执行日时；②执行之告示；③诊断健康；④教诲；⑤刑场之警戒；⑥相当官吏之临场；⑦绞首；⑧作始末书；①⑨遗骸及遗留物之处分等是也。

第一款 指定执行日时

有司法大臣所发之执行死刑命令时，则当在3日内执行之（《日本刑事诉讼法》第318条）。3日之期间，盖所以使其便于犹豫关于执行各事务。故务宜使实质的行刑官署之监狱，迅速接受其命令。

接受此命令时，典狱一面定执行之日时，一面为执行之准备。时间上虽无法定之限制（《监狱法》《刑事诉讼法》均无），然务宜在中午前执行之。

【案】《德国监狱法》虽无时间之限制，然有"早晓"二字。②法国法律则有规定，谓死刑当未天明。其原因后再言之。

各国执行死刑，当以愈早为妙。德国法律则死刑经皇帝命令执行以后，则由地方裁判所之检事，与高等审判厅之裁判长及行刑之非官非吏而专事行刑者，商酌而定期日。

【薛案】③在我国，古装影视剧中有一个几乎人人耳熟能详的情节，就是某人被判死刑，主审官宣布：午时三刻，推出午门斩首！

午时三刻行刑，是明清官府的惯例，或者是民间百姓、说书人、写书人的普遍看法，而古代法律根本没有这样的规定。那么"午时三刻"究竟有什么奥妙？

---

① 始末书：经过笔录。
② 早晓：早晨拂晓；拂晓：天快亮的时候。
③ 薛案：本书点校者案。

在古代，1 天 =12 个时辰，1 个时辰 =2 小时。按地支排序为子、丑、寅、卯、辰、巳、午、未、申、酉、戌、亥。这 12 时辰又划为 100 刻；而"时"和"刻"的换算比较麻烦，就是每个时辰 8 又 1/3 刻。因此，"午时"就是指一天的中午 11 点至 13 点之间，加上三刻，就是将近正午 12 点，如果要算精确一点，就是中午 11 时 43 分 12 秒。这个时候太阳挂在天空中央，照下来地面上的阴影最短的时候。

那么，为什么选择在午时三刻斩首罪人？别说是中国古代，就是现代很多农村地区，还有人认为死人是"阴事"，若处理不当，死者的鬼魂就会留在阳间纠缠活人。而正午时刻是一天当中"阳气"最盛的时候，阳气可以压制和祛散阴气。为了不让死刑犯的鬼魂出来作祟，所以要在阳气最盛的时候行刑。

既然午时三刻不是法律规定的斩首时间，那什么时候才是？

一则大家可能听过"秋后问斩"的说法，《左传》中就有"赏以冬夏，刑以秋冬"的记载。

二则明朝规定，如果有人在立春后或秋分前处决犯人，是要被打八十大棍的。唐朝也有规定，若不是在秋分和立春之间行刑，只有等到来年了。

三则除了规定季节，日期上也是很有讲究的。唐宋法律规定，除了每年从立春到秋分，正月、五月、九月，大祭祀日、大斋戒日，二十四节气日，每个月的朔望和上下弦日、每月的禁杀日（即每逢十、初一、初八、十四、十五、十八、廿三、廿四、廿八、廿九、三十）都不得执行死刑。

第二款　执行之告示

告示有预告及正告之别。预告者，决定执行时日后，在便宜之时机及地方告知执行，使其便于准备诸事（如作家书、见亲人、处分身

后事宜）为目的者也；正告者，乃临刑场后，在执行前正式之告知方法也。

【案】日本因监狱中经验上，则预告必于本日。因日久则人情上必不能忍，故3日以前预告之说在理论上则然；而人情上，则检察官亲临预告。见其日久太苦，故避理论而就事实，此为当也。

第三款　诊断健康

既接受执行死刑之命令时，典狱在定执行日时以前，当先行使医生诊查本人之健康状态，要证明其怀胎或心神丧失之异状。

而在临执行之际，又使医生诊查之；若在此瞬间有怀胎或心神丧失之异状时，[①]则不得不以之为中止执行之理由也。

第四款　教诲

预告执行死刑之后，须对于本人施慰安其精神所必要之教诲。

教诲师在对于本人施教诲以外，[②]尚有与之同赴刑场之职任。[③]

第五款　刑场之警戒

死刑在监狱内之刑场执行之（《日本监狱法》第71条）。除有关系于执行死刑者以外，不许入刑场（《日本刑事诉讼法》第318_2条）。

执行死刑之方法有公行主义、密行主义及限制的公行主义之别，日本则采用密行主义。故要有一定区划之刑场，且须严禁无关系者之

---

①　瞬间：一刹那、转瞬之间；异状：反常情形。

②　教诲师：日本佛教用语。指在监狱中教导囚犯，引导他们步入生活正轨之工作者。此一职务多由宗教家担任，在基督教，牧师担任教诲师者颇多；惟日本佛教界人士较少任此职，明治十九年（1886年）以后，教诲师多由真宗之出家人所担任。

③　职任：职责与任务。

出入，此所以必要刑场之警戒也。

【案】公行主义甚少，惟法国则然；纯粹密行主义惟日本；其余各国皆限制的公行主义。

日本于狱内置刑场，行刑在监狱内。

法国行刑在监狱之大门外，其他各国狱内无刑场。如英则在廊下或路旁，法国亦不择地，不过限于狱内耳，非有特别之刑场也。

就理论言，既在狱内行刑，则不拘何地之监狱皆可行之。日本惟有控诉院之地之监狱始有刑场，全国共六控诉院，即只有六刑场。盖因死刑宣告人无不上诉者，故执行死刑大率皆在有控诉院地方也。

第六款　相当官吏之临场

执行死刑之际，要有检事及裁判所书记临场（《日本刑事诉讼法》第 318_2 条）。

典狱为统理执行者，其自己固不待言，且须使行执行职务所必要之监狱官吏。如医生、教诲师、看守长等参列焉。

又有时在可以确保密行主义之范围内，有许可第三者陪观之权（第 318_2 条）。

【案】裁判所之判事，或研究行刑学与医生之研究医学者（临场）。

在采用限制公行主义之国，临场人定为三种：一则必要判事、检事、书记（日本不用判事临场，其他各国则判事亦临场）临场者；二则不能拒绝（本人自由）其临场者；三则得许可（典狱酌定）其临场者。

【案】日本去岁改正《刑事诉讼法》,将"典狱"两字去了。非削去典狱也,因典狱有自然应去之理,勿庸在规定中。

欧洲各国如宣教师、辩护士、地方公吏之若干名(德12名)皆所谓不能拒绝者,此限制公行主义是也。

纯粹密行主义,一则必有一定之刑场,二则除相当之官吏外不得临场,此日本之采用密行主义也。其他各国既无一定之刑场,又无一定之相当官吏之规定,故非纯粹之密行主义也。

第七款 绞首

死刑用绞首法执行之(《日本刑法》第11条)。绞首乃英国、挪威等所采用者,德、奥、法等诸国则用斩首法,美国内有用电气杀之新法者。

斩首有用刀、用斧与用断头器(如下图12所示)之区别。法国及德意志联邦中二三国用断头器。要之,当务宜使受刑者少受痛苦,确实神速执行之。

图12 断头刀示意图

用绞首法时,难保必无复苏之虞。此所以必要有绞首之后检其此死相,非经5分间不得解绞绳(《日本监狱法》第72条)之规定也。

【案】于此观之,足见绞首方法之不完全。

至于用监狱下级吏员为执行死刑者之例，则外国（他国则以专门执行死刑之人为之）所未有者也。日本看守及监狱佣人分掌（例如，第64条）。

【案】日本从来无绞首方法，至明治维新之初始废斩而用绞。①

电气虽然最新，然一般学者尚多疑问。即美国亦只三国中用之，因究竟苦痛之多少尚未研究有得也。死刑原非好刑，既不能废，则勿庸研究其方法。总之，等死耳，苦痛多少，无研究之价值也。

盖死刑本野蛮之刑，与其用绞，勿宁用斩。绞之繁难不如斩之便利，两者不过各国之历史相沿。既不能废野蛮之死刑，则又何分乎斩首、绞首之轻重？至其研究痛苦之多少，尤无味也。

监狱以内执行死刑，既于感化改良有所妨碍。至监狱官吏，惟职司感化改良之人乃竟使之行刑，②其于感化改良之旨不大相违背乎？余则以日本所用下级吏员执行死刑者，为大误也。虽断头机之费用重，专门执行者之经费多。然皆为社会一般所不齿，是下级官吏乌可以行之哉，而况在监狱中司感化改良者耶！

ギヅロチン医生（法兰西革命时代之人）发明此机器后，亦卒死于此器。③法兰西全国只此一器，而各地行刑皆搬用之，费用虽多，而政府决不添造，此用意甚深，而欲使死刑减少之微意也。

---

① 明治维新，是指19世纪60年代末，日本在受到西方资本主义工业文明冲击下所进行的，由上而下、具有资本主义性质的全盘西化与现代化改革运动。

② 职司：职务、职责、执掌。

③ ギヅロチン：即法国大革命时期约瑟夫·吉约坦（Joseph Guillotine）医生，断头台（机）（如上图12所示）发明者，并以其名字命名，而本人亦丧生断头机下。

第八款　作始末书[①]

执行死刑终后，裁判所书记须作其始末书，与临场官吏同署名、盖印（《日本刑事诉讼法》第 321 条）。

往时，执行死刑之后必要榜示公告其事项，而今日则废止焉（《改正刑法》以后废止榜示）。

第九款　遗骸及遗留物之处分

刑死者之遗骸及遗留物，概依一般在监者病死之例，适用《日本监狱法》中关于领置（第十章）及死亡（第十三章）之规定，受刑者之遗骸据《日本监狱法》第 75 条得付解剖。

【案】《日本监狱法》受刑者之遗骸，如因亲族请求得交付之；德意志法受刑者之遗骸亦准令亲族具领，但须附条件——不盛用丧仪，日本则不问之。

付解剖无行刑之性质，为研究全体学起见，前已言之。

---

① 始末书：（执行死刑）经过笔录。

第二章
自由刑

第一节　执行之机关

执行自由刑之处名曰"监狱"。监狱乃实质的行刑之机关，属于行政权之主管，与立法及司法相鼎立，而所以使国家刑罚权活动实现之设施也。

监狱有实质的及法制的两意义。实质的监狱，乃专指执行自由刑之机关而言，其包含拘禁行刑以外各种人（被告人、死刑者、民事囚、惩治人、被罚者、劳役场等）之处所者，名曰"法制的监狱"；法制的监狱，现今各国方针，早晚终不得不变为实质的监狱也。

【案】西洋各国本有"监狱"两字意义，自改正监狱以后，因其名义不佳，改名为"宾天歇耳宾宜坦斯"。① 此英、德两国皆以拉丁文名之，其意义自"忏悔"两字生出。

德儒火耳真特耳弗所谓"刑法之实体在行刑，行刑无规定则刑法之目的不能达"。刑法以法律规定之，执行刑法之方法转不以法律规定，则执行者有时变更刑法；而刑法之目的转为执行者所专制，而立法目的亦不得达也。德之联邦中之执行刑法曾有此弊，盖刑法虽统一而监狱之执行并无规定，但以命令行之。

至1876年，因各联邦之执行情形互异，议会遂提出行刑法之草案，当时赞成者甚少。因行刑法之通过，则必改良监狱而后可。

---

① 宾天歇耳宾宜坦斯：罪犯忏悔所（penitentiary）。

至 1899 年乃有行刑准则，规定行刑之制度亦不能详密统一。

第二节　行刑之大纲事项

刑之实体厥在行刑，①有行刑而后始能全刑之实现的活动效果。故关于行刑之大纲事项，要以法律明确且正确规定之。若不据法律之规定，则不独紊乱刑制之统一，②使行刑流于专恣而已。③即立法所预期之目的，亦终不能达其万一也。④

所谓关于行刑之大纲（细目，亦可以命令行之）事项者：①监狱之种类；②监狱之监督及组织；③收监之要件；④拘禁之方式；⑤检束之方法；⑥教养之事项；⑦卫生之保障；⑧请愿及其他私权之保护等是也。

第一款　行刑之要旨

行刑之要，在适切完全待遇个人之活动。因待遇个人，而后始能期刑之公平、挚实及教养之活动（有此三要素，而刑法之目的始达）。⑤此监狱行刑所以必要专门的理论与实际之修养也。

【案】现在刑法之目的，在个人主义。如男女、老幼、善恶、强弱，千差万别，要适其性质而待遇之，此监狱之目的也。与前之专注犯罪，而一例视之者不同，⑥盖人格主义在今已全变其事实

---

① 厥：于是、乃。
② 不独：不但、不仅仅；紊乱：混乱。
③ 专恣：专横恣意。
④ 万一：万分之一。
⑤ 挚：通"鸷"，凶猛；挚实：严厉确实。
⑥ 一例：一律、一概。

主义之真相，此监狱之目的所以不能不改良也。

使自由刑不必要个人待遇，则执行甚易。而欲公平、挚实及教养之目的皆能达之，则非就个人研究而如其分量予之不可。此自由刑之执行所以难也。

第二款　监狱之种类

自由刑分为惩役、禁锢及拘留三种（《日本刑法》第12条、第13条及第16条）。因行刑实质之异，故别其刑名以全立法之精神，此所以有区别行刑处所之必要。不独监狱之名称相异而已，且须各有保全其实质独立之设备也（《日本监狱法》第1条）。

以刑名区别监狱之外，尚须因全行刑要义之必要，以犯数、刑期、年龄、男女、健康等关系区别监狱；① 以惩治场、民事监、劳役场等认为监狱之一种之法制，乃戾于法理，② 不得其宜之政策，此近世一般之定说也。

【案】日本旧《刑法》及《法兰西刑法》，三种之外尚多；德国尚有城寨禁锢一种。③ 要之，今日法律进步，自由刑种亦不必太多。荷兰刑法最新，但分禁锢、拘留两种。就理论上言，直谓其但有一种亦可。

监狱亦小社会耳，各种人类皆在，故或学者谓监狱为世界缩写图。故研究监狱学者德儒火耳真特耳弗谓之"凑合的科学"。④ 如法律、经济、教养、卫生，皆必学之，此题论也。⑤ 因监狱中有

---

① 犯数：罪数。
② 戾：违背、有违、违逆。
③ 城寨禁锢：囚禁在城寨。
④ 凑合：平凑、混合、融通。
⑤ 题：正确、对。

600人，即有600待遇之方法，事实点往往不能。故必犯罪之种类又分偶发与习惯、职业各种类。如惩役有惩役监、禁锢有禁锢监、拘留有拘留监。依余之见，不如三种中使惩役、禁锢再合为一。

日本惩役与禁锢之区别以劳动之有无判之，此大谬也。古时以劳动为强制的，而禁锢者则身份少有不同。至今日以劳动为神圣义务，甚有禁锢者之烦闷而亦请求劳动者。中国新刑律但存徒罪名目而不分惩役、禁锢，较日本新《刑法》尤为进步也。

第三款　监狱之监督及组织

甲、管辖之所属

监狱宜属于内务行政所管（辖），抑宜属于司法行政所管（辖）乎？不独议论纷纷不一，即各国之法制亦互异。

要之，当谋监狱所管之统一，且须使监狱关系与行政事务圆活连络耳。①

【案】如普鲁士分为两部分，则大非也。②

英、法、俄、意四国以监狱属于内务省所辖，荷、比、奥及德联邦中之数小邦有属于司法行政管者，惟普鲁士分监狱为两种：一部分属内务，一部分属司法。

由是观之，大国皆以监狱属内务，小国皆以监狱属司法。日本古时原归内务行政，今则改为司法行政。

乙、监督之方法

监督监狱之方法，宜最注重巡阅监狱。③

---

① 圆活连络：灵活联系。
② 非：错。
③ 巡阅：巡查、各地视察。而此等巡阅，也可视为执检巡回检察之较早记载。

【案】此于监狱中最有效力。

巡阅属于监督权之发动，故非主务行政长官及受其委任者，不得为之也。

【案】日本巡阅（一次）两年，官吏必须有专门知识者。

丙、掌管之官吏

监狱乃代表国家刑罚权之机关，故非国家之官吏不能有掌管监狱事务之职权。此所以有划定监狱官吏之种类、名目、职制之必要也。

【案】现在密行主义、裁判公开，则监狱当与社会绝离，不能令人无故参观，此原则也。

（倘）使监狱中不用官吏，则不成为国家机关。其结果，则监狱中作工有官司业、受负业、依托业之现形，驯至作工之事受监狱以外之人监督，① 此必不可不用官吏之理由也。

第四款　收监之要件

甲、证明入狱之文书

监狱中非具备证明入监狱者资格之文书，不得收容之（《日本监狱

---

① 官司业，即作业全部由监狱自主经营，不受他方支配，获利较高但风险性较大。同时，它并以窑工、印刷、种植、木工、炊事为主，藤工、竹工、漆工、建筑、铁工、草工、畜牧为次。受负业，又称委托业，即监狱的生产作业均由外界委托，所用机械均由委托者供给，相当于目前的来料加工。同时，它以糊盒、缝纫、缝袜、洗涤为主，织袜、摇纱、理发为次。依托业，又称承揽业，即某项监狱的生产作业由个人承包，犯人的伙食和监狱管理员的管理开支全部由承包人支付。同时，它以织布为主。驯至：驯致，指逐步招致、逐步达到。

法》第 11 条）。盖所以使监狱保其独立机关之体面，且防其陷于专恣、变通之弊也。①

监狱因其种类之不同，又各有互异之一定收容规则；若反乎此规则者，则虽具备证明入监资格之文书，亦不得收容之也。

【案】监狱之种类不同，则收容之规则亦异。如男送女监、女送男监，以及刑事被告人送之非刑事被告人之监之类，皆为违背规则，不能收之。

此外，惩役监、禁锢监亦有区别。即惩役监亦有成年、未成年、再犯、偶发之区别。如违背规则，亦不能收容之。

凡此无证明资格之文书，不能收容为原则。若未满一岁之小儿，其母因犯罪而携之入监，则为法律上所容许。因小儿亦一人格，特无证明之资格而已。

凡召唤、勾引、拘留、逮捕诸令状，此用之刑事被告人者；宣告书（判事所作）、执行指挥书（检事所作），此用之受刑人者。

乙、停止执行之条件

自由刑以刑之宣告确定时，即执行为通则（《日本刑事诉讼法》第319条）。然若有使受刑者自觉预期以外之苛酷或宽大之虞时，或有不能自觉处刑意义之虞时，则当一时停止其执行焉。②

一则本于必要的理由之停止。如罹精神病及因刑之执行有危险于生命之重病者（指先有重病者而言），皆必要上不得不停止行刑者也。

二则本于便宜的理由之停止。监狱之设备认为不能对于受刑者之健康状态为适当之待遇时，则为谋监狱及受刑者之利益，便宜上得一时停止其行刑。

---

① 变通：不拘泥成规。
② 停止：中止。

【案】妊妇、产妇、传染病者、在恢复期之重病者等之类是也。

传染病直接为监狱之害，间接为社会之害，故不收容之。如在监狱内而患传染病，则只有隔别、分房之法，无可如何也。

因监狱内设备不能完全，故必停止行刑。然监狱内亦不必如是完全。倘一一设备，则贫民因此目的而犯罪，以求设备之安舒，则监狱专成为贫民、妊妇之病院，而执行刑法之性质反失之，则不如就便宜上仍停止其行刑可也。

三则本于酌量（情义）的理由之停止。有使受刑者或其家族受刑罚目的以外之损害之虞时，则酌量其事隋，① 得一时停止其行刑。

例如，受刑者之父母、妻子全以受刑者一人供养，若竟执行刑法，则父母、妻子无以为养，则反出刑罚目的以外，故亦可以停止行刑。若贫民救护之方法完备，则又可不必也。

又如，银行之取缔役，因届算账之日而犯罪，使竟执行则银行之账不结算损害甚大，亦非刑罚目的之中，故亦可酌量停止。

古时法律不甚完全，事实上如上种停止往往有行之者。今则法制国之观念发达，事事遵守法律，则此三种理由非由法律规定竟无人行之者。日本维新以来尚无行此三理由者：一、二则理由日本新《刑事诉讼法》始增入之，三则理由草案有之而未实行。

丙、停止与中止

停止行刑之理由，又兼为中止行刑之理由。行刑之停止及中止属于实质的行刑之要件，故可以《日本监狱法》规定之。

【案】停止者尚未入监；中止者已入监而中止，中止行刑之权

---

① 隋：同"堕"，垂落、结束。

限属于监狱官。

指挥行刑之权限，属于检察官。如见有应行停止，则当指挥其停止。停止行刑普通规定于《日本刑事诉讼法》，中止行刑普通规定于《日本监狱法》。日本（现）行《刑法》停止中包容中止，似皆属于检察官权限非是。

丁、拒绝收监

虽具备证明入监资格之文书，而监狱尚有可以拒绝收监之时。如各种传染病者、不洁者、醉酗者（此皆为检察官所不知者）等是也。

【案】《日本监狱法》但规定各种传染病者不收之条（件）；若外国，则不洁者、醉酗者皆规定于《日本监狱法》之中。

第五款　拘禁之方式

监狱拘禁之方式大别为杂居制、分房制、阶级制三种。

第一，杂居制之最进步者，为夜间别房制。

第二，不分昼夜，一房拘禁一人者，为分房制。分房制有严正的分房及宽和的分房之区别，然在今日则一般以宽和的分房制为是也。罪恶传播之弊，非用分房制终不能防止之。

第三，阶级制者，乃以阶级法适用分房制与杂居制（分一级、二级、三级），而以假出狱联接之之方法也，或名之曰"采点制"。阶级的待遇虽行刑教养上必要之手段，然不得谓非用阶级制即不能实行也。

假出狱初不过属于阶级制之一行刑手段，自法国刑法采用之以来，各国相继仿之，遂至成为不问狱制上用阶级制与否，概以之为独立的行刑法规定于刑法法典之惯例。假出狱（《日本刑法》第28条）乃对于长期囚之一种宽大形式之行刑法。故虽受此处分者，仍不能脱实质上受刑者之资格也。

【案】杂居制最古最不完全，而其害甚大，发达甚早。其制分三种（如下图13所示）：

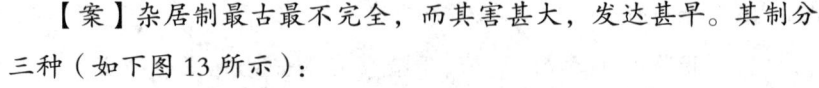

图13　杂居制种类示意图[①]

分房制，即一人一房，其制起于美国。1709年始作一模范小监狱，用此制于费府，[②]至1790年乃大起规模而成一大监狱。初用严正分房制，即一人一房，不拘昼夜与人隔绝，即运动亦一人一处。

如有出房之时，亦以一布包其头面，不令他人得见。严正分房制无工作之事。至宽和分房制则一人一处，用木板前隔，或作工或运动，如花瓣式（如下图14所示），而中则看守与教诲者得见之，囚人与囚人不见面也。今日之所谓严正分房式者，又谓此也，比利时用之。

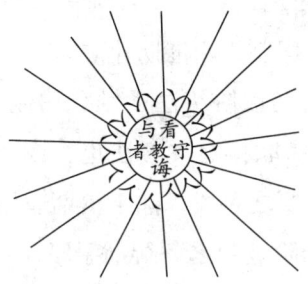

图14　宽和分房监狱制示意图

---

①　罗马法王苦列曼者：罗马教皇克莱门十三世（Clement XⅢ 1693—1769年），1758—1769年在位。

②　费府：费城。

今日之所谓宽和分房制，在运动与教诲时亦不必隔别。此监狱专家万国协会之结束所发明者，德意志用此制也。

一般学说谓"监狱为养成犯罪学校。"因多数囚人聚处，则传染恶念日深，此事实经验之结果亦然。然惟用分房制，庶可隔除此弊。① 如杂居制，即公平、严正、挚实刑法之要义，不能达其目的也。

杂居制往往因严正过甚，聚众而抵抗官吏，即教养之因人而施之法亦不能达。欲达刑法之三大要义，亦非分房制不能也。

犯人之来先分房，数月后乃令杂居，最后则使之假出狱，谓之阶级制。英国行之。此制起于爱尔兰之グロワトン，谓之グロワトン式，亦名曰"采点式"。盖以分数多寡，定杂居制之点。如点少而至第三级则仍降为分房制，点多至第一级或点再多则可以假出狱。

阶级制之分房与分房制之分房不同，其主意在使人受苦，虽劳工不与；分房制，同谓之空役；假出狱者，狱外行刑。法兰西采用之，为一种独立制度。

第六款　检束之方法②

纪律者，行刑之生命也。非善于励行之，则不能全刑之伤害的意义之活动。③

【案】纪律之结果，使本人知有伤害而已。如使行刑伤害，则为野蛮行刑，非文明之刑罚也。

---

① 庶：或许、也许。
② 检束：检查约束。
③ 伤害：损害。

专关于纪律之事项，名曰"检束"。检束之要，在使受刑者因被强制绝对服从于法的秩序之下，自知个人之意思势力终不能与至大之国家威权相对抗，此戒惧及惩罚之所以必要也。而其种类、方法及适用之际，亦当规定之（《日本监狱法》第19条、第20条、第59条、第60条）。但违犯纪律之行为若构成犯罪时，则当付刑法上之处分，固不待言矣。

【案】在一般贫民之生活，亦不可不守纪律。在监狱中教成人人有纪律之性质，在社会上乃不至生违害。

养成纪律而使之绝对服从者曰"检束"。检束而使知个人之不敌国家之势力，则纪律之目的乃达。如但有违犯纪律，则监狱中处罚之；如构成犯罪，则必送之裁判所。

于此有一问题，如一行为既犯纪律又构成犯罪将如何？《日本监狱法》用并科主义，余以为认为一种行为可也。

第七款　教养之事项

甲、作业

检束与教养，在监狱行刑上当互相表里活动。检束虽亦广义教养之一种，然专有教养意义之行刑手段，则唯作业、教诲、教育之三种而已，以作业之有无，（如惩役、禁锢）为区别刑名之标准。[①] 不独与认劳动为神圣之近世时代思想不能相容，且可谓不通监狱行刑之实际（监狱经验上）者也。[②]

作业要赋课具备生产的（空役非生产的作业中不宜用之）及卫生的要件，[③] 且与个人关系相适当之种类（《日本监狱法》第24条）。

---

① 作业：劳作、劳动。
② 不独：不但；不通：不通达、阻塞。
③ 赋课：纳税；空役：没有劳役。

作业施行之方法分为受负业、委托业、官司业三种。虽不免各有利害，然受负业多有不能全行刑要义之欠点（使普通个人干预监狱之事宜限制之，然其利则于监狱之经费有益），故务宜限制其施行之范围。

作业之种类大别为内役及外役两种。① 外役不能全剥夺自由之要义，当限制其适用，固不待言。即选择就业者时，亦当附以严紧之条件；内役中务宜采用手工业，勿用机关业。②

就业者中若有行状方正、作业精励者（两条件），当交付以赏与金。③ 赏与金之性质，与赁钱、工钱异。④ 赏与金必俟交付予本人以后，始发生本人之所有权也。

作业之收入，以概归属于国库为原则（《日本监狱法》第27条），然以其一部（赏与金计算额之利息）充行刑上之利益。如保护免囚、扶助遗族之费用之例，亦非鲜少也。⑤

【案】作业之目的在教养不在利益，因教养之结果而利益自生。当教养之始，其目的初不存在也。

内役在狱内，外役在狱外。外役有种种弊害。如逃走、如与人私通音问，⑥ 且于自由剥夺之旨不合宜限制之。

监狱内用机关业者，宜禁止之。因利益太大，将来出狱不易谋生，且机关制造之物其价必廉于监狱外者，亦夺良民之生活，不宜用之。

---

① 内役：在监狱内从事劳役；外役：在监狱外从事劳役。
② 机关：机器。
③ 行状方正：做事公正；精励：精勤奋勉。
④ 赏与金：赏予金钱；赁钱：租金；工钱：工资、报酬。
⑤ 免囚：被释放遣送的囚犯；遗族：死者的家族。
⑥ 音问：音讯、信息。

所得金额交付有两主义：一曰权利主义。如普通赁金之类，狱中囚人出狱时或已经10年、20年所积之赏与金多有至百余元者。如用权利主义则不能不交付之，而得以巨数转致再犯者甚多。不如恩惠主义必合两条件而后予之，且监狱中有自由与否也。

一曰恩惠主义。囚人作工本无得赁金之权利，而国家赏予之。日本先用权利主义，去年改正《日本监狱法》则用恩惠主义。现今法国、荷兰用权利主义，其他各国则用恩惠主义。赏与金必要有行状方正、作业精勤两条件乃交付之。若权利主义则不必有此两条件，而不能课其方正精勤与否。况恩惠主义必交付后乃为本人所有，若权利主义则未交付而权利已发生矣。

赏与金必待出狱乃交付之，平时不过记一账目而已，尚可以生息供狱中之用。如权利主义，则本利应为囚人所得，且无供狱中之烦费。

乙、教诲

教诲者教养精神之意义也，指专以宗教或伦理开发保护其德性之手段而言。

教诲须继续为之，不可有间歇性。故有定时说教或讲话之必要，固不待言。

此外，尚当常就各个人，① 不绝加以开发、保护其德性之适当教养也。②

丙、教育

教育者教养理性之意义也，指开发助成一般国民所必要之知识之

---

① 尚当常：还应当经常。
② 不绝：不断。

手段而言。① 对于一定之人，如年少者等，则当强制教育之；其他则唯使得浴此惠而已，如阅读书籍亦属于教育之范围也。

【案】监狱中必设极大之图书室。为教育囚人起见，凡有益之书皆可收入，各国甚注重此点。

第八款　卫生之保障

拘禁者本于国权之强制，专以剥夺自由为目的（如生命、健康、财产则非目的）者也。

关于拘禁之一切费用，国家当然有负担之责任，且拘禁之结果不得使本人健康上、生命上受不利之影响。对于衣、食、住之保障、卫生规定之所以必要者，即为此也（《日本监狱法》第七章、第八章）。

【案】拘禁费使囚人负担，在沿革上有之。如德意志之一国有每日令囚人负 40 ベンピ者。② 在今日狱制观念之发达，此则颇戾于法理，不可用也。

第九款　请愿及其他私权之保护

受刑者对于行刑之权能，有绝对的服从之义务。而一面又有法令及人道所与之一定权利。故国家宜保护此权利，且不可不谋救济其侵害之道。

关于请愿（《日本监狱法》第 7 条）、领置所有物件及交付之规定所以必要者（如监狱官吏有待遇不合，亦准请愿），③ 即为此也。

受刑者非因恩赦、刑期终了及有职权者之命令不得使之出狱。

---

① 助成：促成。
② ベンピ：芬尼（fennig），德国辅币单位，为 1% 马克。
③ 领置：领取；物件：福利。

【案】命令属于检察官之命令中止及停止行刑，或要求再审而得检察官许可而命令之者。

因刑期终了时，于终了翌日释放之（《日本监狱法》第68条）。当释放者若罹重疾时，因其请求，可以许其一时在监（第69条）。

【案】事实上，则以翌日之辰释放之最妥。

各国制度以刑期终了之钟点计算，此原则也。如日暮后、日出前刑期终了，则提前放出之，此例外也。

《日本监狱法》恩赦10点钟以内，命令12点钟以内（发布）。如法律无特别规定，则恐临时无所遵守，此最重要也。

第三章

自由刑之利害

第一节 概 论

凡刑罚，必须具备警戒（即畏吓）、屈服、矫正、公平、反偿、伸缩、恢复、限局（不及其他家族父子）等可能性。① 若缺其一，已不足焉完全之刑罚，况缺其数者乎？死刑、肉刑、体刑、追（刑）、放刑等，② 之所以认为不适当之刑罚者，职是故也。③

【案】反偿：受刑者如因受刑而有损害时，国家须认赔偿之责，或使其家族满足是也。

伸缩：因犯罪程度之不同，而刑罚之程度亦因之而各别，此所谓伸缩是也。

恢复：即裁判官有判决之错误而行刑之时，能使恢复其未错之程度。

自由刑为各国一般所通用，而利害参半，今分言之。
以死刑论警戒、屈服已为满足，而其他之可能性皆不能有。
自由刑唯杂居制无公平性质，此外则皆有之。

---

① 畏吓：威吓；限局：局限。
② 追（刑）：对犯人家属进行刑罚；放刑：流放刑。
③ 职：由于。

第二节　防止滥用个人自由权利之利

侵害法的秩序者（即犯罪行为），究不外乎滥用个人的自由权利之结果。此所以对于犯罪行为者，有当剥夺其自由之必要。

故自由刑亦自适于最高，尚且最广意义之反坐主义（如古时以肢报肢之反坐主义，① 则最狭）所要求之手段也；而剥夺其自由之程度，则宜斟酌犯罪行为（事实）之轻重，及犯罪人格危险之大小而决定之。

【案】古时用事实主义，犯罪轻者则刑（罚）轻；今用人格主义，则以危险性之大小以决定刑（罚）之轻重。

第三节　使人服从国家公共秩序之利

自由刑之限制犯罪个人之自由，当最紧肃、真挚、严正；以使受其限制者，对于至大之国家威权知自己势力之极微弱，且使其衷心自觉服从国家秩序之必要为要旨。

改良狱制之目的（惟分房制乃能达自由刑完全之目的），即欲达此要旨耳。

【案】服从不但使表面上服从，且以各种之可能性而使之感化改良；则其衷心不知不觉，而以服从国家之秩序为必要。

使监狱之制度并不完全，而于紧肃、真挚、严正诸性质皆无之，则自由刑之能感化改良者，其目的必不能达。此一般学者所以时时研究也。

---

① 反坐：对诬告者处以刑罚；以肢报肢：以牙还牙，用肢体报复肢体。

第四节　过于偏信自由刑之害

凡利之所在，弊亦随之。

【案】以下各弊害，皆各国家监狱所经验而出者。

过于偏信自由刑之价值，苟有犯罪以为适用自由刑即是足以了刑制之能事，不顾罪质之轻重及犯罪人格之如何，千篇一律徒以自由刑处分之；而在他方面，又动辄以察察为明。①

【案】此警察完全之后，警察官每坐此病。

偶有微罪、小过亦必检举之，遂至屡有滥用短期刑之弊；徒见犯人之增加，而未见狱制设备有相当之改良。一面，使偶发的犯罪者变为习惯的犯罪者，驱质朴、无智之良民以入犯罪种族之群。一面，又使冥顽不灵之习惯的犯罪者，②反生愈加侮蔑国权、轻视法规之恶结果。于是，世人动必以此违反对自由刑之口实是。盖可以断言，为过信自由刑之价值，而误于利用方法之结果也。

盖自由刑犹如外科医术，以之为不得已之最后疗法，固属必要。然当在此以外，务使其不留疮痍而能达治愈目的之手段也。③

昔者治士大夫以上之人，务养其廉耻心，虽有罪亦不轻易加之以刑；专以礼仪、戒饬之。④古制之中亦自有，所以妙用刑罚之真理存也。

---

① 动辄：动不动、常常；察察：让警察分析辨别。
② 冥顽不灵：愚钝无知、不聪明。
③ 疮痍：创伤、伤疤。
④ 戒饬：告诫、规劝。

故画地为狱，①民尚畏之。于是，可知近世刑事政策上，要求务使犯罪者远乎狱门之非偶然矣。

【案】不轻令其入监，则不知监狱之行刑如何，尚有畏惧心存在。

察现在国家，多于刑法法典中采用自由刑；而视察其监狱，则无完全之制度，以致自由刑之目的全不能达而弊害日多，转为訾嗷者之所借口。②或以自由刑为万能主义者，亦非也。

何种犯罪宜用自由刑，何种犯罪不宜用自由刑，不可不加审择，非然则其弊也。亦如古时有病则服万应丹，而往往致死不知。③医学进步，各种之病必服何种之药，甚有不必服药而即愈者。故自由刑，亦不可视为万能也。

第五节　防止滥用自由刑之弊

防止滥用自由刑之弊，且使一般刑事政策之要求实现之方法。其既为各国立法上所采用，或将来可以预期其普及者，即便宜起诉主义。

刑罚责任年龄之延长（罗马法以来有之）、幼年裁判所感化处分之改良、未成年犯罪者之特别处分（不与成年者同处，如普通应加自由刑者，则加以谴责；普通惩役者，则加以禁锢）、短期刑之限制（为防自由刑弊害）、赎金扩张、金刑及假出狱制之适用（各国刑法适用金

---

① 画地为狱：亦即画地为牢，古代在地上画圈作为监狱，使犯人站立圈中以示惩罚。后用以比喻只准在所限定的范围中活动。

② 訾嗷：哀叹。

③ 万应丹：通灵万应丹，是一味药物，上各为细末，以糯米粥浆为丸。

刑、假出狱制度者甚少）、保证制度、犹豫行刑、不定期刑（以感化为期，由监狱中自定，起于美之纽约之依尔马以那）、家宅拘禁（日本古时谓之"闭门"，《意大利刑法》采用之）、地域限制（如人众之地则不准到，《意大利刑法》有明文）、劳役处分（强制劳役而每日必归）、设置特别监、累犯者特别处分法等，①是也。

【案】便宜起诉主义由检察官审查。罚之可否与加刑否之利益，由检察官便宜行之，与法律上规定必起诉者异。此一种之新制度也。

十二三岁知识未完，尚在教育范围之内。近时主张18岁以上与前之16岁为另种学说。然前12岁以上，为责任年龄者非也。

——幼年裁判所。其制起于美国，英、德渐仿效之，将来各国必采用之。其裁判结果不加刑罚，而加以相当教育。亦如小儿患病不服医院之药，而令保姆疗治是也。其设立之原因，欲避普通裁判之但知刑罚。而令深知教育家为裁判官，仿佛父母、师弟之间，②而令无教者有教，以补教育不足而已，无刑罚之性质也。

——感化院有家庭式、学校式、军队式，而最便宜、最有效果者，莫如家庭式。

——保证制度古时即有之。如应加以刑罚，或交出保证金，或有相当之保人，保其不再犯罪。此制度，英国盛行之。

——犹豫行刑，起源于美国马萨诸塞州。初不过行于幼年犯罪，渐渐欧洲各国之成年犯罪亦采用之。

——特别监。如浮浪者，不令入普通监狱，③而入教养局、习

---

① 保证制度：类似于现今的保释制度。
② 师弟：师傅和徒弟。
③ 浮浪：指到处游荡，不务正业。

艺所之类。

——累犯者特别处分。如三（次）犯者，可以终身禁锢。

以上各种制度，皆为防止自由刑之各弊害。现今各国有采用者，有未采用者，不可不知。

第四章
附随于刑罚权之国家的保护任务

第一节 保护任务之必要规定

国家当行使刑罚权时，对于在其预期之目的以外，所生之各种损害有回避、宽和及救济之责任。① 此未决拘留（未判决前之拘留，非有逃走、湮灭证据，可限制之）之限制（《日本刑事诉讼法》第72条、第73条）、保释（《日本刑事诉讼法》第150条）、责付（第159条）、恩赦（《宪法》第16条、《日本刑事诉讼法》第331条）、复权（《日本刑事诉讼法》第324条）、未决拘留日数之算人刑期（《日本刑法》第21条）、停止行刑（《日本刑事诉讼法》第318₃条、第319条第2项）等规定之所以必要也。②

然国家的保护之任务，犹以为未足；立法上及行政上，一般渐次有扩张其范围之势焉。

【案】保释、责付是已经拘留之人，因有保人而放出之，或使人负其逃走之责任而交付之。

第二节 保护任务之扩张规定

国家的保护任务之扩张，不独为法理上自然之结果；亦实际上，

---

① 回避：设法躲避；宽和：宽厚温和。
② 复权：恢复曾被停止的公民权利。

不得不符贤明刑事政策之要求也。① 而其可以认为，扩张保护任务之新规定者：

——即对于无罪者，赔偿其未决拘留。

【案】以期日算，一日应赔偿若干；如裁判错误即已决拘留，亦应赔偿。现在尚无明文，将来必为各国所采，如德、奥、法。

——救助其因监狱就业之灾害（德国1900年5月发布之法律、《日本监狱法》第28条）。

【案】如因劳役受伤或机器压损。

——在监者之移送病院（《日本监狱法》第43条）。

【案】因监狱内之病监总不完全，患重病者必移之出外之病院，俟愈再令其入监受自由刑。

——对于出监者交付衣类及旅费（《日本监狱法》第70条）。

【案】监狱内虽有制服，而不能令其穿出。彼夏来冬去者，必量时予以衣类。②
至旅费，则因其回家之道路远近。靳而不予，③ 必仍堕入游荡，而犯罪者必多。

---

① 不符：不相合、不相当。
② 量时：考量季节。
③ 靳：吝啬。

——救济在监者之家族（如子在监而父母无以为生活）及其他一般对于保护免囚事业之助力等（此不过个人事业），如介绍作业。国家亦当间接保护之，使监狱之目的完全能达也。

【案】就法理上言，在刑罚目的以外，犯罪人有不应受损害者。

就实际言，刑罚在目的范围以外，转失其维持社会安宁秩序之宗旨。① 倘反动力之来，② 反足以害社会之安宁秩序，而刑罚之目的转不能达。

第三节　英国利用监视制度之成效

监视制度虽有主张实验上有害无效之说，然如英国则垂于利用之成功之效甚著。③ 故利用，若得其宜，亦可以为国家的保护制度之一种也。

---

① 转：改变方向、反而。
② 反动力：反向运动的力量。
③ 垂于利用之成功：功败垂成，事情将近成功。

第四编 检察制度与对外关系①

---

① 本编为"[日本]志田钾太郎口授;(华阳)郑言笔述;(云阳)蒋士立编纂",并印在原书本编编名页上。

总　论

第一章　检察制度之沿革

第二章　各国检察厅之组织及权限

各　论

第一章　绪　言

第二章　治外法权

第三章　领事裁判权

第四章　混合裁判所

第五章　在国内适用外国法与在外国适用国内法

第六章　国际的诉讼共助及犯罪人引渡

【案】本论以前，有两事应注意之点：一研究法律者，则法律之外无论何学皆不问之，此一病也；二研究本国法律则他国法律可不问之，此二病也。

一国之法律非一时代所能成，或由历史相演而至有今。本国今日之法律根源于古时，或本国古时之法律根源于外国。盖积渐而成，其沿革有由来矣。

欲研究本国法律，在知本国法律之所自来；欲研究本国今日之法律，在知本国古时法律之所自来。此历史沿革之重要者，盖研究法律者不可不知也。

今检察讲习会之讲习，前一主义因时间短促断不能及，后一主义则本之以饷遗诸君。^a 本讲义之多引沿革比较者，盖在此乎。

法律不过世界规则之一部分。外如自然界之风雨寒暑，则自然界之规则；道德、宗教亦有道德、宗教之规则，盖法律不过规则之一部分。

若但研究法律而不研究其他，则如东洋上古、中国古时专研究刑名法术之学，而为世界学者所不称许，何也？盖未统世界各种规则，而研究之；而但研究国家制定法律之一部分，未观其通者也。

---

① 饷遗：亦作饷遗、饟遗，馈赠。

总 论

第一章
检察制度之沿革

检察官在今日文明各国，因无不有之。①然比较对照诸国之法制，则分为两派：一为英美法派，一为欧洲大陆法（南美洲与中国将来归入此派）及日本法派。两者之根本精神，全然不同。故其结果，检察官之观念亦自不得不有一大差异也。

【案】检察官名目各国皆同而性质则异，因各国法律制度不同故也。

第一节 英美法派

英美法以关于社会之事务，避国家之干涉为法之精神。民事固不待言；即关于刑事有侵害权利、违反义务时，②亦由被害者自诉于法庭以求救济，国家毫不干涉之。故考诸英国古法，惟有总检察官，其职务则在有侵害国王权利时，求其救济于法庭而已。

【案】恐人民有侵害国王权利，盖专为保护国王利益而设（总

---

① 因：因此。
② 即：即便。

检察官）。①

至于关于其他刑事有提起公诉职务之检察官，则当时亦未有也。

降及后世，②立法者因维持公安上知其有缺点，③乃于西历1827年（道光七年）创设以关于刑事（稍有制度）提起公诉为职务之检察官。其后，至1879年（光绪五年）遂制定提起公诉法焉。

在以英国法为骨髓之美国，亦因同一之理由，于总检察官之外创设检察官。各州创设之时代虽不同，然似皆先于英国也。

【案】民事中关于公益之事项，如离婚等类，亦非无代表国家而参与者。

英国未设检事之初，往往有犯罪而不知被害者为谁。如伪造货币不知落于何人之手，其妨害公安实甚。渐渐始议检察官之设立，然其始不过干预民事中之离婚一小部分耳，其他刑事则未有也。此英之沿革如此。

英美法保守，英美之沿革大半不成文法居多。根本于习惯，而以成文法补助之，虽外国法律不采用之。

欧洲大陆法以成文法为根本，而时操用他国之美法改正自己之法律，④不以保守习惯为原则。此两派之异点也。

英美派以避国家干涉为原财，欧洲大陆派则以干涉为本务。根本精神既异，则检察制度自不能不异也。

---

① 而窃以为，由此可见，维护公益——统治者国王的利益是英美法系检察工作的最初志趣之一。而就我国目前有关公益的主流观点认为，它是社会公益与国家利益的总和。

② 降：延续。

③ 公安：公共安全。

④ 操：抄。

第二节　欧洲大陆法派

欧洲大陆法及日本法，则本于以维持公益之目的，关于社会之事务必要国家干涉之精神。不独刑事，即关于民事，国家亦常设置代表公益机关之检察官。①

而创设此检察官之沿革，则出于法国法。即欧洲中世纪第14世纪（元成宗大德四年至明惠帝建文元年间）以后，法国在王领审判厅，为国王所提起之租税诉讼创设代表国王之机关，名曰"代理官"（不过如辩护士）。其后，此代理官之权限年年逐渐扩张，不独租税诉讼上代表国王而已，且监督社会之公益，而因法院编制法之整顿愈益发达。自1793年（乾隆五十八年）至1800年（嘉庆元年），遂至组织附设于各审判厅之检察厅焉。

德意志之诸联邦亦皆仿法国，设检察制度。至德意志帝国成立时，遂附设帝国检察厅于帝国审判厅，而附设各检察厅于各联邦审判厅焉（《德国法院编制法》第142—153条、《普国施行法》第58—67条）。

日本亦仿法国，于大审院、控诉院、地方裁判所、区裁判所附设各检事局，是诸君之所知者也（《日本裁判所构成法》第6条、第7条、第18条、第33条、第42条、第56条、第79—84条）。

【案】大陆法发源于法国。其初亦不过与英国同，亦不过为国王利益起见。因此，国家之范围扩张，则检察官之权限亦宽展。后遂于国家代表之外，更代表一般人民之公益。此民事、刑事检

---

① 而窃以为，由此可见，维护公益——社会公益是大陆法系检察工作的最初志趣之一。

察官，因之有提起公诉之责任。①

英美法但设检察官，无独立之检察厅，阶级、组织亦不完全。至大陆派，则各级之审判厅附设各级之检察厅，而其制完美。

以下所讲则以大陆派为主，而英美派之不完全者，则皆从略焉。

---

① 而窃以为，由此可见，英美两大法系国家代表创设检察制度的初衷之一，在于维护公益。

第二章 各国检察厅之组织及权限

在法国及仿法国之日、德其他诸国，其检察厅之组织及职权之范围，亦互有相异之处，未能概谓为同一也。

第一节 组织——组织上之差异

以全国检察厅为单独官僚的阶段（谓有层层节制之阶段），[①]且合通各国法院之检察厅为唯一不可分之原则（实质上全国检察厅只一个，则检察之精神始能达之），[②]固法国及仿法国之其他诸国所同适用者也。

【案】在德国，此原则唯适用于联邦国各本国之诸法院间，帝国审判厅与各联邦审判厅之间则不适用之；德国各联邦与帝国不同。

然法、日之检察官服从其所属之检察厅长官之命令以外，同时又各得代表检察厅以行使其职权。而德国之检察官，则唯得代表其所属检察厅长官以行使职权，不能直接代表唯一不可分之检察厅。故可谓德国各检察厅唯有长官一人而已，其下之检察官皆不过补助者或代理者。

---

① 官僚：官厅。

② 合通：勾结、串通、联合。因此，"且合通各国法院之检察厅为唯一不可分之原则"，即"审检合署原则"。

【案】裁判有合议制，检察官无之；而仅有单独，唯须服上官之命令。德国检察厅如军队组织，一军队则一长官，以下不过补助代理，此与法、日异者。

第二节　职权——职权范围上之差异

检事厅关于刑事为提起公诉机关之点，则法国及其他仿法国之诸国检察制度所同也。至于关于民事所有之职权，则诸国不能无异。

【案】民事则法国之职权大，德之职权小，而日本则关于民事尤为小焉。

即法国称检察官曰"法之监视者"（换言之，即"政府耳目"），为监督一般判决，且保护法律得为抗告，主张判决之无效（法国检察官根本上之权限甚大）。而参与民事之法定范围，则分为二：

一为以主当事者之资格参与之际，后见婚姻及其他身份关系是也（《法国民法》83、371、385、394、856—860、862、863、911、914、930等）。

二为以附带当事者之资格参与之际。斯有四种，即：①关于受通知之事件，认为必要干涉时，陈诉意见之际（《法国民事诉讼法》83）；②裁判官自其职权上通知检察官，使陈述意见之际（《法民诉》83）；③在大理院之判决前，必使检察官陈述意见之际［法国1826年（道光六年）1月15日法律第44号］；④其他法律上定为要听检察官意见之际（《法民诉》83条等）是也。

然德国关于民事，规定检察官所当干涉之际则极少，仅①婚姻事件（《德民诉》607、619）；②亲子关系事件（《德民诉》640）；③禁

治产事件（《德民诉》646、652、666、675、679）；④宣告失踪事件（《德民诉》974、975）之四者而已。

而意、比、荷等国则仿法国之例。奥国尝设与德国同一之规定，其后废之。检察官之职权唯限于刑事［奥1851年（咸丰元年）12月31日敕令、1876年（光绪二年）《民诉改正案》、1895年（光绪二十一年）新《民诉法》］。

日本则大体以法国为模范。然不以监督一般民事判决之权限赋予检察官，则其一大差异也。其他，日本检察官关于民事之职权范围上之异义耳。

在民事及刑事之外，行政上亦有之。即在如欧洲大陆、日本之严分立法、司法、行政三大作用之国法上，司法权依独立之裁判所行之。其不许行政权之干涉，亦明矣。

然补助司法权作用之各种行政事务（此名曰"司法行政"），则又行使司法权所不可缺者。故国务大臣中有名曰"司法大臣"者有此职权，而检察厅所行之事务乃司法大臣职权之一部分（如下图15所示）。

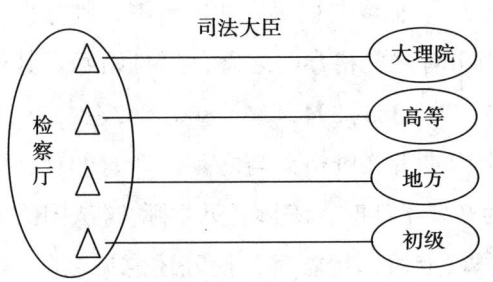

图15 法院检察厅配置示意图

由是观之，检察官之职权可谓皆行政上之职权也。然所谓狭义之检察官行政上职权，则止关于民事及刑事以外事项之行政上职权而言。

即在法国，司法大臣为司法行政上监督裁判所，使检察官当其任。换言之，检察官在司法行政上有监督裁判所之职权也。故注意法律之施行、报告裁判官之行动、谋裁判所与裁判所间之交涉事件（例如，共助）。

然德国则谓检察官，既为行政官而非裁判官。若使其监督裁判所，是反乎使司法作用独立于行政作用以外之旨。故设《法院编制法》第152条之明文禁止之。

日本法亦与德国同出一义（《日本裁判所构成法》81），但裁判官据《惩戒法》受惩戒之际，检察官得请求开裁判，裁判开始之后，又得为原告参与诉讼。是则日、德、法及其他诸国法制所同者也。

【案】各国（检察官）以法国之权限最大，奥国之权限最小，日本、德国则居其中。此大陆派权限大小之异也。

以广义言，检察官亦行政官。然普通学说则以民事、刑事之外乃谓之行政官。故以检察官不过司法行政中之一部分，盖狭义之行政也。

裁判官惩戒裁判，检察官可以参与要求惩戒。对于平人犯罪则可提起公诉，①此各国制度所同。

然余以为，裁判官之惩戒裁判，检察官既可干预，则亦以行政监督司法；对于平人可以提起公诉，对于裁判官之惩戒亦不妨提起公诉之为得也。

志田之意谓检察之组织有两原则：②一为单独官僚阶段，唯一不可分；二为赞成代表理论上，以德国为然。代表长官其权限以刑事为根本，民事除不得已外可不必干预，至行政事务如互相监督可干预之。

至冈田博士所主张不良少年、精神病者皆干涉之，余极不赞

---

① 平人：平常之人。
② 志田：志田钾太郎。

成。盖检察官之财力有限，非万能。至法国当日权限所以大者，因设立此官之始，一切事务皆委之一人，此不过沿革有之，而实际上则但以刑事为主，民事除不得已外皆可不干涉为最当也。

世界学者同实际家不同，学者主张真理自有价值，而实际上往往用学者之真理而反生恶果。① 如小河博士之死刑废止，为世界学者中最有思想之议论。然果见之实际，则国家之危险实甚。而欲保其安全，恐程度不足之人民转有妨害治安之虑。于此可见，学者之主张真理，实际家亦当参酌事实未可，遽本之以为推行之本矣。②

观于以上所述，可知在英美以外文明国之检察官职权，可分为民事、刑事及行政之三者。而自其对外关系观察之，则除行政上职权以外，其为民事上及刑事上之职权，检察官有不可不知者五事，兹于次编分述之：一治外法权；二领事裁判权；三混合裁判；四在内国适用外国法及在外国适用内国法；五国际的共助及犯罪人引渡。③

---

① 实际家：实践者。
② 遽本之以为推行之本矣：应该本着这一原则，建议推行才符合根本。
③ 国际的共助：国际司法协助。

各 论

第一章 绪 言

据现代国际法上及国内法上之法理言之,谓一国家之领土,乃其国家之统治权所得完全发动之区域也。① 而所谓统治权完全发动者,乃指不许他国家统治权之行于领土内(国际法上),及其领土内所存在之一切团体、个人尽须服从其国家之统治(国内法上)而言也(而国际法与国内法的关系,如下图 16 所示)。

图 16　国际法与国内法关系示意图

【案】古时交通不便,瓯脱甚多,② 五洲之间往往发现空地。至近今,生齿日繁,土地日辟,③ 各国占有之地即为各国所领,而领土之观念以起。

主权与统治权不同。如保护国无完全之主权,而统治权则完全。④ 一国对于领土则统治权而非主权,未可混为一。

---

① 发动:管辖、波及。
② 瓯脱:边境、屯戍之人。
③ 生齿日繁:人口一天天多起来;辟:开辟。
④ 完全:完整。

虽然一国之领土内，亦有似行使他国统治权者。如战时占领地、如附国际地役之领土、如租借地、如联邦国家之领土、如两国以上之共同领土（奥匈两国有此实例）是也。① 然是尚非真例外，② 仍可以解为一国之统治权在其领土内完全发动者也（如下图17所示）。

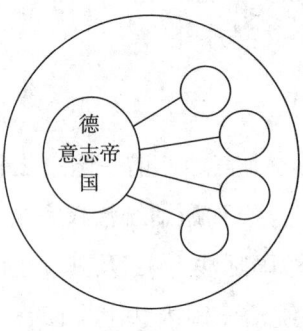

各联邦之统治权所以组织基本国，德意志之统治权所以组织各联邦。因此特别组织不能不有两个统治权。与他国统治权行于本国领土者不同。

统治权共同行使，例如民法中之共有，故只谓有一个统治权。

图17 上起：德国与奥、匈两国统治权示意图

【案】占领地虽行使权力，而所有权仍为本来国家所有。

国际地役有二：一则许甲、乙两国军队通过；二则本国与他国立约不修炮台，以便他国通道。此皆以条约限制自己之意思，而于统治权并无损失，因缔权仍在本国也。③

租借地者，德国学者谓租借地为附期限之领土割让也。一般

---

① 地役：即地役权，指按照合同约定利用他人的不动产，以提高自己的不动产的效益的权利。

② 是：这些；尚非：还不是。

③ 缔权：缔约权，即国家和其他国际法主体内部某个机关或个人缔结条约的权限。

学者皆不赞成，谓如普通借贷，①均非国际法上之定论。

然则对于一国领土内之事实一切，皆适用其本国法，而全然不适用他国法乎？曰：是又不然。或本于国际或本于国际交通之大义，②以其本国法承认他国家之法，得适用于自己之领土内者，固不少。

更为保他国法适用之效果，在自国之领土内为相当之助力者，亦有之。而其主要之种类，即总论之末所列举之五者。故为检察官者既当习其本国法且当明此五者，而后始能完全执行其职务也。

【案】他国法律虽行于本国以内，而统治权仍未行于本国。凡此皆以条约承认，则不必侵害本国利益。如未经承认者，反此。③

---

① 借贷：即贷借，指向他人借用财物。
② 大义：主旨、精髓。
③ 反此：与此不同。

第二章
治外法权

第一节 名 称

"治外法权"一语由拉丁语之领外（extra territrom）转化而成，英（语）曰"exterritoriality"、法（语）曰"extraterritorialité"、德（语）曰"exterritorialität"。

第二节 沿 革

无论何国，自古代以来对于外国或敌国之使节特为优遇，保护之例实非鲜少。

【案】春秋会盟，聘享已开中国特别保护优遇之先声。①

治外法权即出乎此精神者。故以国际的礼让与国际的便宜为其素。②因而其在国际法上至认为不可争之制度者，则属于克罗秋斯（其本名为 de rcoot）[西历1583年（明神宗万历十一年）生于荷兰]以后也。③

---

① 聘享：聘问献纳。诸侯之间的通问修好为聘，诸侯向天子进献方物为享。
② 素：要素。
③ 克罗秋斯：即胡果·格老秀斯（Hugo Grotius, 1583—1645年），荷兰著名国际法学家。

其初，唯专指在他国领土内特定之人（例如，君主、外交官）或物（例如，君主或外交官之所持品）不要服从其国领土权之例外的关系而言。其人或物事实上虽在他国之领土内，而国际法仍以在其所属国领土内之拟制说明之。① 然因在此例外关系之人及物其数渐增，且在土耳其所发生之领事裁判权制度（参照次章），渐行于非耶稣教国与耶稣教国之间。于是，治外法权之意义遂为之扩张。凡为属地主义领土权作用之例外者，除国际私法之适用以外，一切概包括于治外法权观念中说明之。

然领事裁判权乃国际法上之异例，将来非耶稣教国之法制整顿以后，当然须消灭者，不过条约上一时的留保而已。反之，君主、外交官等之治外法权则不俟条约，乃国际法上当然存在之制度。因国际法之发达与各国之进步，而愈加巩固。故学者中谓以此二者在同一观念之下说明之，不当者甚多也。

第三节　意　义

"治外法权"一语以广义言之，则限制一国领土权行使之状态也；以狭义言之，则一国本于国际的礼让与国际的便宜对于他国之元首、外交官、军队、船舶等不行使领土权之状态也。兹以狭义之治外法权，再分析说明之于下：

【案】广义之治外法权，乃在狭义治外法权外加以领事裁判权者，故参照次章自明。

第一，治外法权者，一国对于他国元首、外交官、军队、船舶

---

① 拟制：人为拟定。

之状态也。

【案】此对于特定之人，而有治外法权者。如对于某国人民乃领事裁判权，不可不注意；如以条约定明，予领事以治外法权亦可。

第二，治外法权者，不行使领土权之状态也。

【案】治外法权乃状态非权力，故拉丁语谓之"领外"。

第三，治外法权者，本于国际的礼让与国际的便宜而发生之一国状态也。

【案】因国际法之原则并非条约之关系有权利义务者，无权利主体，故直可名之曰"状态"。

（以上）三要素缺一，则不予以治外法权。

第四节　有治外法权之人及物

第一款　人

有治外法权之人，乃元首、公使、领事及军人是也。

第一，元首（包含共和国大统领与否，① 则有异议）。限于加入国际团体，而认其为团体之一主体之国家之元首；若有数元首时，则各自有此权；又因元首有此治外法权，故其家族、从者等亦有治外法权。

---

① 大统领：朝鲜、韩国和日本对共和国国家元首的相应汉字称呼。

【案】不随从元首之家族有此权否，则有争议。

摄政至外国有主张有治外法权者，学者议论不一，而事实上则有之。

共和国之大统领，学者亦有主张无治外权者，而事实上则以元首之礼待之，亦有治外法权。

罗马天主教皇并非一国主权，而以争敬宗教之故，亦予以治外法权。此事实，非法理也。

前元首、大统领而现未充元首、大统领者，无治外法权。

第二，公使（包含大使。又公使中亦不区别特派使节与特命全权公使）、公使之代理，固不待言。即公使之家族、附于使馆之武官及技术员并此等人之家族、馆员及其家族等，皆有治外法权者也。公使所有之治外法权，以自到其驻扎国之日始，至去其国土为限期。①

【案】公使之治外法权因代表国家而生，与元首不同。故必自到其驻在国始发生，出其驻在国乃消灭也。

第三，领事。领事以无治外法权为原则，唯执行公使之职务者或特以条约予以治外法权者，则为例外。

【案】英美虽有条约，亦不认在自国之外国领事有治外法权。②
欧洲耶稣教国与非耶稣教国，以条约定之。或谓条约所定者，非治外法权亦未免太苛。

---

① 去：离开。
② 自国：自己国家、本国。

总之，既以条约定明，亦可包括于治外法权之中。

第四，军队。一国之军队非依国际地役或特别之许可不能驻在、通过他国之领土，固不待言也。然若据上述之原因在他国领土内时，则不独军队全部，即其各员亦皆有治外法权。

第五，军舰乘组员。军舰（又公船）之乘组员不独在舰船上，虽上陆时，亦有治外法权。

第二款　物

第一，元首之所属物。不独元首所携带之物而已，虽供使用之物亦有治外法权。

【案】使人有治外法权而物无之，则不能完全达其有治外法权之目的。

第二，公使之所属物。公使馆附属物及公使之私有财产，亦有治外法权。

【案】普通公文书始有治外法权。然因条约之结果，故其私有财产亦有治外法权。此以便宜上优待领事起见。

第三，领事之所属物。领事若认为有治外法权时，则领事馆其附属物及领事之私有物，亦有治外法权。

第四，军队之所属物。军队有治外法权时，其营舍、携带之武器、粮食及其他等物，亦有治外法权。

第五，军队及其所属物。不独军舰而已，凡所谓御用船、义勇、舰体等亦同有治外法权。又不独船体而已，凡舰船上之物，亦有治外法权。

第五节　内　容

前节所述各种之人及物所有治外法权之内容,非必同一。即元首、公使、军队、军舰所有者,乃有最广博内容之治外法权。而其共通者,则为下之六种:①一身之不可侵;②不服从所在国之裁判权;③住居之不可侵;①④免除所在国之纳税及负担;⑤与本国交通之自由;⑥其他。

元首有行使本国统治权之不可侵,公使有关于公使馆内事件裁判权之不可侵。

又条约上有认公使,有对于在留之本国民公开公使馆内礼拜堂之权利者。

领事所有之治外法权,乃以条约规定者。斯时,亦唯限于执行其职务所必要之范围内而已。

---

① 住居:住家起居。

第三章 领事裁判权

第一节 名 称

"领事裁判权"一语乃合并"领事"[英、德、法(语)皆名"consul",由拉丁语之"理事官"转化而成者],及"裁判权"[英(语)名"jurisdiction"、法(语)名"juridiction"、德(语)名"zuständigkeit"]二语而成者也；英(语)名曰"consular jurisdiction"、法(语)名曰"juridiction consulaire"或曰"jusedictun censulure"、德(语)名曰"konsularbezirk"。

第二节 沿 革

确立国际团体者乃欧美诸国，即奉耶稣教之诸国也。然当奉摩登教之土耳其（土耳其东欧国）加入时，① 不独其风俗习惯不同，即法律亦根本上与耶稣国异。

于是，耶稣教国以为派遣领事，使掌对于自国人民适用自国法之事，则两者皆有便宜。（因不服土耳其之裁判）法国首先与土耳其政府缔结条约之名称[西历1535年（明嘉靖十四年）之条约为始，其后有十数回条约。至今日有效力者则1740年（乾隆五年）之条约也]，欧美诸国皆继之[英为1580年（明万历八年）、德为1761年（乾隆

---

① 摩登教：伊斯兰教。

二十六年）]。

其后与土耳其以外之非耶稣教国，亦缔结同种之条约。至于今日现行此种条约之国，则中国、朝鲜、土耳其、波斯、暹罗等是也。①

又尝有此种条约，而今日已废止之国。则日本［1899年（光绪二十五年）废］之外，有罗马尼亚［1878年（光绪四年）废］、塞尔维亚［1883年（光绪九年）废］、摩洛哥［1878年（光绪四年）废］等。埃及在［1876年（光绪二年）］以后，以混合裁判制度（以本国人、外国人并为裁判官之制度）管理国籍相异之外国人间之诉讼及内、外人间之诉讼，②以与领事裁判权并行焉。

【案】领事裁判权其初，不过因宗教习惯之异而创设之，无所谓不名誉者。③及后有此权之国人民滥用此权，因之有强权欺凌之说。

此在法理上，则本国土地上而行使他国裁判，于本国统治权不免相戾。故日本亦早议收回矣。

第三节　意　义

领事裁判权者，乃依本于法制根本的差异，所缔结之特别条约之效力，及于在对手国领土内自国臣民之裁判权也。兹分析说明于下：

第一，领事裁判权者，一国之裁判权也。此与治外法权之状态不同，实为一国之权力（两者之别区别，如下图18所示）。

---

① 波斯：伊朗；暹罗：泰国。
② 内、外人：本国人、外国人。
③ 名誉：好、光荣。

治外法权与领事裁判权之区别 { 治外法权 ……状态……以国际便宜礼让为根本
领事裁判权……权利……以法制根本差异为根本

图 18 治外法权与领事裁判权之区别示意图

第二，领事裁判权者，对于在他国领土内之自国臣民者也。

第三，领事裁判权者，本于法制之根本的差异，依特别条约而生者也。

【案】治外法权以国际便宜礼让为根本，① 在国际法上当然（与领事裁判权）有着不同。可见，领事裁判不可包括于治外法权之中。

至领事之治外法权，或者谓因领事裁判权而生，不知裁判权根本于法律差异。领事之治外法权仍不过根本于便宜及国家礼让而生，不可与领事裁判权混同而一。

冈田博士《法学通论》中区别治外法权为绝对的，领事裁判权为相对的。

余以为法律尚未进步，绝对、相对不可以区别。试问元首、公使外之领事，其治外法权亦可谓为绝对乎？然亦不过因条约结果而始有之，其他仍无有也。

第四节 内 容

领事裁判权乃由条约上所生之权力，故欲详知其内容，不可不引照各条约说明之。然恐烦杂过甚，故兹唯就中国与日本、欧美诸国间之条约述之。

---

① 国际便宜礼让：即国际便宜、国际礼让原则之简称。国际礼让原则，指国家间在相互交往过程中遵循的礼貌、善意的规则；国际便宜原则，指国家间在相互交往过程中遵循的给对方便利规则。

中法条约……1845年（道光二十五年）、1858年（咸丰八年）；

中美条约……1844年（道光二十四年）、1858年（咸丰八年）；

中德条约……1861年（咸丰十一年）；

中日条约……1896年（明治二十九年、光绪二十二年），1904年（明治三十七年、光绪三十年）；

中俄条约……1858年（咸丰八年）；

中西条约……1861年（咸丰十一年）；

中比条约……同上；

中葡条约……同上；

中丁条约……1862年（同治元年）。①

中国与日本、欧美诸国之条约关于领事裁判权者，皆大同小异。故便宜上，以中日条约说明之。

中日条约（明治二十九年、光绪二十二年、1896年）第3条规定，领事之驻在资格、职权、裁判管辖特权及免除。

同上第20条规定，在清国之日本臣民之身体裁判管辖（归当该官吏管辖，中国官吏不能干预）。

同上第21条规定，民事诉讼。

【案】中国臣民对于日本臣民提起民事诉讼，归日本官吏裁判，谓日本人作被告是也。日本臣民对于中国臣民提起民事诉讼，归中国官吏裁判。

同上第22—24条规定，刑事诉讼。

同上第25条规定，最惠国条款。

---

① 丁：丹麦。

【案】即利益均沾主义。如与第三国利益，则缔约亦当照其利益而享有之。

中日条款（明治三十七年、光绪三十年、1904年）第 11 条约定，将来在一定条件之下，撤去领事裁判权。

【案】中日《通商航海条约》，两国各设领事。惟日本领事在中国有管辖裁判权，而中国在日本之领事则无之。凡各国有领事裁判权者类此。此种不公平之条约希望早日作废。

（中日《通商航海条约》）第 22 条（规定），日本臣民犯罪被告时，由日本官吏以日本法律裁判；中国臣民对于日本臣民犯罪被告，由中国官吏以中国法律裁判治罪。

（同上）第 23 条（规定），中国人民对于日本人民负债逃亡，归中国官吏逮捕而令其偿还；日本人民对于中国人民负债逃亡，归日本官吏逮捕而为相当之处分。

（同上）第 24 条（规定），日本人在中国境内犯罪或逃匿于中国人民之房屋及船舶内者，由中国官吏交付于日本官吏治罪；中国臣民在中国境内犯罪或逃至中国领海内之日本臣民房屋及船舶上者，由中国官吏请求日本官吏逮捕，以交付于中国治罪。

第四章
混合裁判所

第一节 名 称

混合裁判所如其字义，与英（语）之"mixed court"、法（语）之"tribunal mixte"、德（语）之"gemischte gerichtshöfe"相当。学者中有名曰"国际裁判所"者［德（语）"internationabes crebicht"］，然是属误用，且忘其有易与相混同之裁判所（德语"tribunal intrena. tional"）者也。①

【案】荷兰海牙万国国际会议中设有国际裁判所，与此相混。故不能名为"国际裁判所"而曰"混合裁判所"。

第二节 沿 革

混合裁判所者，为欲减少领事裁判制度所生之弊害，而创设之裁判所也。

【案】表面上为本国裁判，而事实上则为外国与本国人组织之，故为混合裁判。

---

① 忘：通"妄"，指胡乱、荒诞不合理；易：轻易。

其最初在西历1847年（道光二十七年）以后设置于土耳其，裁判关于民事、刑事之内、外人关系事项，其第一审及第二审皆在君士坦丁堡。

其后，经1867年（同治六年）、1869年（同治八年）、1870年（同治九年）、1872年（同治十一年）前后四回条约之结果，在埃及亦设置混合裁判所，以法、英、德、奥、匈、意等诸国之合议规定其编制法。

而在1876年（光绪二年）2月15日开庭，当初本预定5年间之期限，其后又延期。遂以1890年（光绪十六年）之条约决定永久设置之。其第一审在亚历山大、加依、罗满斯拉之三市，其第二审则在亚历山大也。

【案】中国上海会审公堂仿佛似之。然一般国际法家皆谓中国无此制度。将来中国若撤去领事裁判权，断无用此制度。特为诸君正告之。

第三节　意　义

混合裁判所者，乃出于矫领事裁判弊害之目的，① 为裁判内、外人关系，该国家与诸外国之间以特别条约定其组织而设置之裁判所也。

第一，混合裁判所者，该本国之裁判所也。

【案】领事裁判，乃领事本国之裁判；而混合裁判，乃埃及本国之裁判。表面虽有外国人为裁判官，而其实则为本国之裁判所。

此外，埃及之国内裁判所尚在，不过范围狭，而混合裁判之范围广耳，司法制度之歧杂实为罕见。

---

① 矫：矫正、纠正。

第二，混合裁判所者，裁判内、外人关系事项者也。

【案】内、外人关系除去有领事裁判权国而言，或无外国人而但有内国人之关系，[①]如埃及不动产诉讼皆归混合裁判所。

第三，混合裁判所者，该本国与诸外国之间以特别条约规定其组织者也。

第四，混合裁判所者，有矫领事裁判权弊害之目的者也。

第四节　编制及权限

第一款　土耳其

土耳其之混合裁判所有民事与刑事两种。民事混合裁判所，初设于君士坦丁堡，其他之二三土地亦设置之。不管辖民事全般事件，唯限于商事及动产事件，管辖内国人与外国人间之诉讼。[②]裁判官以内国人三名及与当事者外国人同国籍之外国人两名编成之。

【案】土耳其外国人少，故混合裁判不甚发达。

刑事混合裁判所，亦设置于君士坦丁堡及多数之大都会，审理外国人为被告之轻罪事件。裁判官以内、外人各半数编成之。

【案】此裁判所，事实上尚未为裁判。

---

① 内国人：本国人。
② 全般：全部、全面。

第二款　埃及

混合裁判所第一审以内国人3名、外国人4名编成之，第二审以内国人4名、外国人7名编成之，而管辖民事及刑事。

关于民事则管辖：①关于在埃及不动产之诉讼；②内国人与外国之间或外国人间之诉讼。

关于刑事则管辖：①外国人所犯之违警罪；②对于混合裁判所或其编成员所为之犯罪；③以妨碍混合裁判所判决执行之目的所为之犯罪；④混合裁判所之编成员其职务上所为之犯罪。又自1900年（光绪二十六年）以来，破产及有关系于破产之犯罪，亦归混合裁判所管辖焉。

【案】埃及混合裁判外国人多，故甚发达。盖埃及虽为土耳其之属地，而其实为英国势力范围。外国之势力愈大，则其混合裁判亦甚发达，其结果则本国受其利，此断然者。

混合裁判所适用之法律，非土国固有之法律，从缔结条约国所编纂之埃及法典裁判之。

第五章
在国内适用外国法与在外国适用国内法

有治外法权及领事裁判权之际,皆一国之法行于他国领土内者也。然在此以外,尚有一国之法行于他国领土内者。

【案】非若治外法权、领事裁判权之团结制度而散漫于他国者,如在外国适用内国法及在内国适用外国法是也。

说明此问题之学科,俗名曰"法学冲突论";分法之种类有:国际私法学、国际刑法学、国际破产法学、国际诉讼法学等名目焉。

【案】国际法者,行于国际团体之间之法律也。如此等私法、刑法诸国际名义并无国际性质,不过于国与国之间调和而行之,不能通行于国际团体中,故不可谓之国际法也。

或曰法律如空气,能行于世界,然遇他国法律则冲突;又或曰法律只行于本国。两说一宽一狭,均非一国法律以行于本国臣民为目的。或云本国臣民应服从所在国法律者,此学问研究之所以有分门也。

在此法律冲突论中,说明外国法所以能行于内国领土内之问题。学者之间议论虽不一,然当解释为内国法上规定有适用外国法之结果也。此规定名"调和法律冲突之规定",又名"适用外国法之规定",日本则名之曰"法例"。

【案】此种调和法律冲突论之法律，由一国意思规定，非由国际团体共同之意思，故不能望各国之遵守。将来法律进步，调和此种冲突由国际团体规定之，乃可以国际名之。然今日尚非其时也。

法学上之议论，以适用于事实之际为其主眼；① 而法律冲突论之主要的题目之事实，学者名曰"涉外的事实"。涉外的事实云者，包含外国的元素之事实也；而外国的元素云者，乃指：①主体（个人或团体）有外国国籍之际；②客体（物）在外国之际；③事实（行为及其他）发生于外国之际而言。此中②及③虽无必须说明之前提，而①则非说明：一则何人及何团体有内国国籍；二则在内国有无住所之两前提（如住所在外国，则含有外国元素之半），② 终难理解者也。

得、丧、恢复国籍（限于人，③ 之国际团体之国籍尚未有设概括的规定之国）之原因及其手续，在大多数之国常以成文法规定之［日德以特别法（曰《国籍法》）、德1870年（同治九年）《国籍得丧法》规定之，法国则规定于《民法》中］。及住所之得、丧、恢复之原因手续，则全委诸罗马法以来之法理之国诸多。④ 兹以国籍及住所之意义说明之于下：

国籍……对于一国家有永续的从属关系之人或团体之资格之谓也。⑤

---

① 主眼：着眼点、主要观点，主题。
② 半：因素。
③ 得：取得；丧：丧失。
④ 全委诸：(把事情)全部委托之于（某某）。
⑤ 永续：长久持续。

【案】团体国籍如法人会社，尚无明确之规定，便宜上以住所为准。

住所……在一国家之领土内人或团体所定之活动本据之谓也。

【案】各国于住所无特别法规定，而以民法规定之。住所无永远不动的，然必有三五年之根据为生活本据者，乃称为住所；而不可以一时的，遂称为住所也。

据以上所述，是在内国适用外国法，则由内国之国内法规定之。反之，在外国适用内国法，则由其外国之国内法规定之。而文明诸国关于此法律冲突论之法规，大同小异。故以下唯以诸君最易解之日本法为例述之。

【注意】一国之领土中，① 陆地以外尚有水面，而水面有国内水面与国外水面之别。国外水面中虽非无为他国领土者，然其大部分概不属于何国之领土。如外洋、海湾、大洋是也。

外洋无论何国之统治权皆不服从（外洋不可与无主物，可以先占者比），而无论何国之船舰又皆得自由航行。其航行中之船舶内，则行使自国之统治权焉。

【案】法律冲突论以领土为根本，因自己法律行于他国领土而冲突论生焉。此外如水面，则非本国领土又非外国领土，则问题生焉。若船舶至他国领海以内，则法律之冲突论又生焉。

---

① 注意：须关注、利益的文字内容。

第一节 国际私法

在国际私法上,外国法适用于自国领土内之际凡有四:

【案】民法上之冲突,以国际私法调和之。

第一,适用外国人之本国法之际[普通以身份、年龄(法律上年龄为能力)、(印度人8岁结婚,12岁为成年)之类(日法例3、4、5、14、15、16、17、18、19、20、21、22、25、27)]。

第二,对于在外国有住所之人适用其住所地法之际(日法例12、28)。例如,甲乙两人,乙向甲借用百元,而甲至外国,乙在北京。因甲欲用钱,而在外国将证书让渡于丙。此证书让渡有效、无效,各国民法规定不同。于此场合,以借钱之乙之住所地法为准。因乙之利益、不利益乙知之最深也。

第三,对于在外国为行为之人适用其行为地法之(日法例7、8、9、11、13)。例如,中国人在日本订契约,其方法形式应从日本。将来中国人与日本人均来中国,其契约效力仍从日本法。

第四,对于在外国之目的物适用其所在地法之际(日法例10)。

【案】指不动产而言,因有固定性质,故以从所在地之法为当。

第二节 国际刑法

在国际刑法上,内国法与外国法并立,亦能支配(不曰"适用"者,因一国裁判所关于适用外国法之事不裁判故也)。外国领土内犯罪

之际，凡有六（《日刑》34）：

【案】刑法为一国公法，以一国领土为界限，此原则也。若本国人在外国犯罪，而如适用外国法律，则外国法律与本国往往不同，而与本国治安颇多不便。此国际刑法之所由适用也。

适用刑法与私法不同，国际私法既适用外国法，则不适用本国法。而国际刑法则既适用外国法，亦可适用本国法，所谓"并科主义"。裁判官不过酌量情势或减轻、或免除而已。此其两种之异也。

第一，对于皇室之罪（《日刑》73—76）。

第二，对于国家之罪（《日刑》77—79、81—89）。

第三，对于货币之犯罪（《日刑》148）。

第四，对于公文书、公印、有价证券之犯罪（《日刑》160—162、168）。

第五，关于生命、身体、自由、财产或信用内国人所犯之犯罪，及外国人犯以上之犯罪而内国人为被害者时，亦同（《日刑》170—180、182、185、200、201、205、206、215—217、219、221、222、225—229、231、236、237、239—242、244、247—251、245、257）。

第六，公务员职务上所犯之罪。

第三节　国际民事诉讼法

民事诉讼法自其形式上言之，乃规定保护私权之手续法也。故其所保护之私权，不独限于一国私法上之权利。自公平纯理上观之，一国之民事诉讼法支配（不曰"适用"者，其理由与国际刑法同）。

他国内所存之事实而使发生民事诉讼法上之法律关系，亦无绝对的不可。

然现今国际团体之程度尚未能使各国家互为便宜，以领土之行使让步至此范围也。民事诉讼法上确定判决之效力不及于外国之论，尚有为一般通说（亦有反对说）之势焉（《日民诉》514、515、557）。

【案】判决效力能否及于外国，此法律冲突论所由起；在今日，尚不能及于外国，将来法律进步，或可及之。

第四节　国际刑事诉讼法

刑事诉讼法自其形式上言之，乃规定实行国家刑罚权之手续法也。而其所实行国家刑罚权之目的，则在预防犯罪而谋国家自存之道。故一行为支配于二国以上刑法之际，所起之刑事诉讼，即以一国支配他国内之事实而使其发生刑事两讼法上之法律关系，亦无绝对的不可之理。

然在今日之国际关系（与民事诉讼法所述同），刑事诉讼法之效力毫不能及于外国乃学者间之定说，而无人有异议者。故亦莫如之何也（《日刑》第5条）。

【案】民法、刑法虽效力可及于外国，而民刑手续之效力不能及之，则民刑法之实体欲行于外国者甚少。

现今世界各国法律尚未划一，故此种手续不能及效力于他国。必法律改良进步以后，或有此种手续亦可行其效力于他国时者。今不过为法理上一种研究之资料而已。

第五节 国际破产法

破产法乃规定债务者,在以其财产不能完济债务之财产状态之际,以使一切债权者,得其公平满足为目的之手续法也。故债务者之财产若散在两国以上之际,而欲使总债权者得公平之满足,则当一国起破产事件时,即以其国之破产法支配他国内之事实,而使发生破产法上之法律关系,斯不独无绝对的不可之理,且可谓有实际上之必要者也。

然在今日之国际关系(与国际民事诉讼法所述同)尚未能达此域。破产法上之宣告、破产效力不能及于外国之论,尚有为一般通说(亦有反对说)之势焉。

【案】中国人破产,中国财产仅20万,外国财产有80万。现今国际破产法尚未十分发达,则只可以中国之20万入破产财团,其外国之财产80万则为破产宣告之效力所不及。亦今日无可如何之势也。

第六章
国际的诉讼共助及犯罪人引渡

关于民事,一国之私法虽有适用于他领土内之际,而民事诉讼法则反是,确定判决在他国领土内有效力与否,尚属疑问。故欲达民事诉讼之目的,保护涉于两国以上领土之私权使无遗憾,则一国对于他有求诉讼手续上助力之必要(国际的民事诉讼共助)。

又关于刑事,一国之刑法虽有支配他国领土内犯罪之际,而刑事诉讼法之效力,则皆以为绝对不能及于他国领土内。故亦与民事诉讼同,有对于他国求诉讼手续上助力之必要也。

【案】国际的刑事诉讼共助。

又在刑事诉讼当执行确定判决效力之刑时,若犯罪在外国,则非请求外国交付其犯人后不能执行刑罚(犯罪人引渡)。

故本章说明此三者,以见国际关系之缺点现今如何补充之也。

第一节 国际的诉讼共助

国际间诉讼上之共助,一面以国际法上条约规定之,一面以缔盟两国之国内法规定之。而其意义与国内诉讼上之共助同。故可以下下之定义:[明治二十九年(光绪二十二年、1896年)日德议定书2条、明治三十一年(光绪二十四年、1898年)日西议定书6条,其他法瑞条约、奥塞条约、法比条约及海牙国际法会议决议。明治三十八年

（光绪三十一年、1905年）因外国裁判所嘱托之共助法和《法院编制法》175、《意民诉讼》945、《奥法院编制法》38—40、《德民诉法》110、英1856年（咸丰六年）法113章、美1863年（同治二年）法4071—4074章）]——国际间诉讼上之共助者，因外国裁判所之嘱托，就关于民事或刑事之诉讼事件送达书类，及调查证据所为之法律上辅助之谓也（《日共助法》11、《日裁判所构成法》131）。

国际间之诉讼共助，原则上以管辖当处理其所托事务之地之裁判所为之。若受托事项属于他裁判所管辖时，则受托裁判以其嘱托移送于管辖裁判所（《日共助法》122）。受外国裁判所共助之嘱托时，其当执行与否，必须先察其具备下之条件与否，而后决定之（《日共助法》4）：

第一，其受托事项据内国法许其施行者；

第二，受托事项属于受托裁判所之管辖者。但若不属其管辖时，可以移送其嘱托于管辖裁判所；

第三，相互条件之存在者。

国际的诉讼共助之际，一国之裁判所处理裁判所所嘱托之事项时，须从自国之诉讼手续（《日共助法》3）。

第二节　国际间之犯罪人引渡

国际间之犯罪人引渡云者，乃一国本于条约交付犯罪之他国臣民于其本国，或交付在他国领土内犯罪之人于其国之谓也。

兹以此定义分析之，则犯罪人引渡有下之两种，其要素略异：

第一，本于条约，一国交付犯罪之他国臣民于其本国之际；

第二，本于条约，一国交付在他国领土内犯罪之人于其本国之际。

今以此两种犯罪人引渡之要素分为：①条约；②犯罪人；③犯罪；

④引渡之四者，说明之于下。

第一款　条　约

一国之所罚之犯罪，有在他国领土内犯者；一国所罚之犯罪有在其本国犯后，而逃走至他国领土内者。因此，文明各国遂以条约互规定犯罪人之引渡，以期达各自刑法之目的（国际法上）。

而缔结此条约之国，又以国内法制定其引渡之手续，以为限制宪法所保障个人身体自由之理由（国内法）。故谓犯罪人引渡，为对于领土权或司法权之例外之见解，乃不通之谬论也〔参照明治十九年（光绪十二年、1886年）《日美犯罪人引渡条约》、明治二十九年（光绪二十二年、1896年）《日德议定书》、明治三十年（光绪二十三年、1897年）《日西议定书》、明治二十年（光绪十三年、1887年）《逃亡犯罪人引渡条例》，其他欧美诸国间之条约及法律〕。

第二款　犯罪人

一国依条约所当引渡于他国之犯罪人，要非自国臣民。

【案】认自国臣民亦可引渡者，英美所采用之主义也。

若为请求引渡国以外之国（第三国）之臣民时，则条约上多附以特别约款。即或有：①受请求国任意对于第三国发通知之约款；或有②对于第三国之通知亦为任意，而得以犯罪人为第三国臣民之故，拒绝其引渡之约款；或有③必须通知第三国，且必须得第三国之同意，而始能引渡之约款。此三者中，以第三种为最普通者也。

数国同以此一人为犯罪人而请求引渡时（例如，甲国臣民在乙国领土内犯罪后逃至丙国时），则以当应犯罪于其领土内之国之请求说，为正当之见解〔1886年（光绪六年）英国阿克斯风儿特所开国际法会

议之决议]；反对说则谓当引渡于犯罪人所属国。

然同一人在数国之领土内各为犯罪，而受其数国之请求引渡时，则学者之见解纷纷不一也（或先要求者，或犯罪重者）。

第三款 犯　罪

发生犯罪人引渡问题之犯罪种类，虽常规定于条约中，然在所指定以外之犯罪（准其所指定之犯罪者），虽引渡亦无妨（国际法上）。唯以国内法限定犯罪种类者，则不在此限（国内法上）。

在犯罪人引渡问题以外之犯罪，即不能引渡之犯罪（普通轻罪不引渡）则如下：①政治上之犯罪（此因各国政体不同）；[①] ②陆军军人逃亡罪；③违反税法；④违反行政上之特别法。

第四款 手　续

犯罪人引渡及受此请求，皆行政之一部分。故须依外交手续（有谓当依司法上手续之说者，误也）。当由请求国之外务大臣经公使之手，对于被请求国之外交大臣请求引渡，而被请求国判定其所受请求当否之方法则有数派。兹举其重要者两派：（而领土范围，如下图19所示）：

陆上 { 领土外 刑事逮捕
　　　领域内 民事判决

水上 { 国内水土
　　　外海 本国船可以适用本国法，外国船则不必过问

图19　领土范围示意图

第一，为英派，专委诸裁判所。其裁判为公开，然其判决虽认引

---

① 政体：国家施政的要领、方针。

渡为正当时，而仍不能拘束外务大臣，使其必引渡也。

第二，为法派，专委诸行政处秘密行之。于检察官之前讯问犯罪人后，检察官以其所调查之文书提出于司法大臣，然后大统领据此已决定焉。

另外，请求犯罪人引渡时，须送何种文书，则诸国条约殊不一致。即：①唯以有委嘱逮捕犯罪之文书，即足者（《法比条约》）；②必要证明送还犯罪人，于请求国所以正当之理由之文书者（大多数条约）；③必要其他之一切人证书证者（《英美条约》）。

此外，受犯罪人引渡国之裁判所，原则上不能在请求引渡理由之犯罪以外，以他种犯罪处罚之；若新发现有犯罪时，则当以其犯罪为理由，再送请求书于引渡国也。

【案】所罚之罪，非请求引渡之罪，是谓欺诈行为。

（检察制度终）

附件

附一：冈田毕业演说

附二：小河毕业演说

附三：识别法

附四：指纹识别法

附一：冈田毕业演说

乘新年之假，研究有益之学，是余所最欢欣者。中国将来司法制度、审判制度，究应如何？观欧美大势及中国利害关系，必成为三面关系。即原（告）、被告、审判厅是也，即民事、刑事皆应如此。

就刑事一方面言，检察官、审判官、辩护士三方面均有关系。即审判时必应许旁人观听，若审判官不能明习法理，主张事实，必为检察官之所指摘。①

再言民事。将来民法、商法编定，人民不尽解法律，而必以辩护人代为答辩。使审判官不明法律，又必为律师所窘。②以将来大势推之，此检察、审判、辩护士三种所不可不再加研究者。

愿以后以官事之暇，③再求学问，以此次之讲习会为嚆矢。倘有质问鄙人当竭力奉答，④如有不知再求之先达而报命。⑤

当今世界竞争大势，皆注目东洋。而东洋之所以使列强起野心者，此中国之弱耳。愿诸君各奋其事，以强中国、强东亚，以保和平，则予之希望也。

---

① 指摘：指责。
② 使：假使；窘：难住。
③ 官事：公务；暇：闲暇。
④ 质问：质疑、置疑、请教。
⑤ 先达：有学问、有道德的前辈。

附二：小河毕业演说

今日得暇与诸君一谈，快甚。以极短五分钟时间为诸君演说。学问，活物也。刑事学问尤甚。因刑事者，是对于活人予以适当之处分。故必先有活之人而研究此种活学。

刑事学问以较化学、物理二者，谓其较化学、物理易。此不过浏览条文之人所言。乌知此刑事学问之难，盖有甚于化学、物理者。

如今日冈田所讲之识别法，如能练习透熟，则应用甚宽，盖即一种之活学问也。诸君中大都身充法官，则时时以犯罪人为研究资料。如耳，如指纹，不过形式上区别。如要称司法官之职务，① 则必以犯人之精神为研究资料，② 以为改良犯罪之助，以犯人为目的物。

望诸君勿专以法文、条目为依傍，③ 则余今日演说之宗旨也。

---

① 称：称职。
② 精神：内心世界。
③ 依傍：依靠、圭臬。

附三：识别法①

识别法之用处为何？为刑法上之关系，以识别两人之是否同是一人或另为一人，并识别其曾犯刑法与否？既民法、商法上或辨别同是一人或另是一人之用处甚多，此法律上之用处。

既陆军军队逃亡或战争时，欲分别逃亡者为何人及战死者为何人？识别法亦大有效用。就军队论，原有特别标识，然各国不论如某某号，如日本（一二人）是也。然战争时往往遗失各别。于识别法非尽采用，惟于刑事上之关系多用之。余以为刑事外，如军队亦可用之。现在日本于军队欲用之，然未见之实行。

此种识别法，无论何国，古时皆有之，然未考究完全。例如，人之容貌、丰采、高矮、肥瘦，②逮捕时必特别注明。此亦识别法之一种，此不过粗涉之识别而已。③而如不易辨别、不可移易之标识，则阙如。④岂如容貌白者可黑、肥者可瘦，并无一定标准，此其缺点也。

西洋各国后复注重户籍及犯罪人年龄、籍贯、名簿以定犯罪人之异同，⑤此最幼稚。盖犯人名姓同者甚多，即使不同而随时更改者亦众，故以此识别最不足取。以后遂以写真为识别之法，⑥固最有效力，然但用写真亦不足凭信。

以上三种识别不完全。于是，学者考究数十年，粗有端绪。如欧

---

① 识别：辨认、鉴别。
② 丰采：举止态度。
③ 粗涉：粗浅涉及。
④ 阙如：豁口、空隙、缺点、不足。
⑤ 名簿：户口。
⑥ 写真：画像。

美各国及日本之识别犯罪人有两种：一则人身识别法；一则指纹识别法。

人身识别法分二：①测定识别法，以尺量之；②认定识别法，以眼光鉴别。此二者互有短长。测定之法（即前者），经费多购买测量器具。如量头者有量头器之尺，不可通融，而况废时甚多。然长处，则较以目认定之法更为确实。认定法（即后者）则反是，但凭目力则错误必多。用此二法，要知其长短而随时酌量用之。

身体识别法为法人ベルチヨン经多年考究发明，①各国皆采用之。此人现在巴黎警察厅之识别科充科长。冈田曾在法学习四月，每日随白耳体翁识别实验。

指纹法，惟英国考究最灵。②然现在适用指纹识别法则非英国之法，乃德之ハンブルグ市之口エシエル所研究发明，③其法最简单可用。

总之，法之身体识别法，英、德之指纹法，非但该三国适用；然各有长短，采用之者甚多，今姑以指纹法言之。

指纹法虽甚可凭，④然最细腻。至其搜查时最无用处，以不能执途人而对勘指纹之同异也。⑤然至确定犯罪人之是否，则指纹法亦甚有用。故确定之宗旨，则指纹法为当；而搜查之宗旨，则身体识别法为要也。

然测定人之身体之认定法，则其缺失亦如指纹法之不可执途人而认定。然欲认定身体亦舍此身体识别法，更无可用之法。当白耳体翁

---

① ベルチヨン：法国人类学家白耳体翁（Bertillon Alphonse，1853—1914年），他在巴黎警察机构任职期间发明了通过人体测量学鉴定罪犯的方法，并发展了指纹鉴定。著有《测量人类学》（1909年）。
② 考究：查考研究。
③ ハンブルグ市：汉堡市。
④ 可凭：可靠。
⑤ 执：拿着；途人：陌生人。

发明此法，就人身各部分皆有之；而冈田则主张不必各部分，但以占身体一部分而变化最多之耳，而识别为已足矣。①

世界各国之人断无耳之全体相同，即使有同者而微细之间则绝不同。盖变化最多，而一生之变动则少。如少年耳润、老年耳枯，而其耳之轮廓微细则毫不变。惟受伤与角力提挈并寒带皴冻或以少变动，②或患病血管破者，凡此皆意外。若顺其自然，则毫不异也。

若指纹则自小至老，随时有变。如婴儿之指纹以显微镜测之而不见者甚多；则操持作业容易坏损，则不如耳之可以终身不变。且耳甚可以测面视之，亦甚便于搜查，能使犯人毫不惊觉而搜查之，于观察上甚便利。

识别耳这法，要知部分名称。白耳体翁所研究者，据各种部分以为识别。试将耳之名称说明之（如下图20所示）。

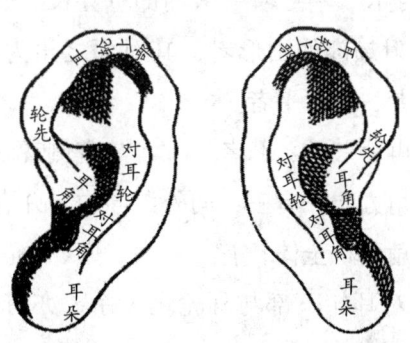

图20　耳之部分名称示意图

耳之外边为"耳轮"，内之对于耳轮者为"对耳轮"，耳轮之尖曰"轮先"，耳之垂珠为"耳朵"，附近之面之小角为"耳角"，耳角相对者为"对耳角"。白耳体翁识别之顺序："先轮后朵"（皆以上耳定之）：

第一，轮尖有长、有中长、有短者，轮尖看毕。

---

① 耳：耳朵；已足：已经足够。
② 角力提挈：用力提拉；皴冻：冻伤、皲裂。

第二，则看耳轮上部，上部亦有三种，分别有宽者、有窄者、有得中者。

第三，再看耳轮后部，亦有三种，或大而厚、或中、或小而薄。

第四，再看耳与面之距离，亦有三种：如去面远而开者、去面近而并者、去面不远不近而耳之后部反上面闭者。①

第五，再看耳朵，亦分为三种：有垂若珠者、有方而平者、有圆而厚者。

第六，再看着脸连属与否，亦看耳朵。与前观察法不同，亦有三种：一朵与面分而不连属者，一朵与面连属而无线者，一连属而有线者。

第七，再看耳朵之厚薄：一耳朵厚而向外凸者，一耳朵厚而并者如大豆然，一耳朵厚而凹者。

第八，看耳朵之长，有三：一大而凹垂甚长、一垂中、一垂小。

第九，看耳角附颊部如山形者，其对面之角为对耳角，亦分为三种：有时斜者、并者、如水平者。

第十，对耳角再分三种：凸者、并者与直侧者。

第十一，对耳角方向，有三：向外、向内与并者。

第十二，对耳角面积全体，有三：大、中、小。

第十三，再看对耳轮下部与耳轮之关系，亦有三：较耳轮为上凸者、平者、较下凹者。

第十四，对耳轮上部，亦有三：大、中、小。有如两叶分别极清楚者，亦有分别不清楚者。

第十五，再看耳之全角，亦有三：斜方形、椭圆形、圆形。

第十六，再从正面看两耳之正形（即对人面部观其耳），亦分为三种：①对面看，去两耳张而上部开者；②对面看，去两耳张而上部小

---

① 去：距离。

而中部开者；③对面看，去而下部开者。

以上皆白耳体翁所研究识别之法也。此外，尚有特别识别耳之方法，如下：

耳之截痕，亦分三种：①上部；②前上部、上部、后上部；③前、前上部、后上部。又或有对耳轮上枝与耳轮后部连续者，或对耳轮上部分为四枝者，或对耳轮上部分为四枝者。

又耳上之瘤有圆与方之区别者。动物学者达尔文氏所言人之耳初与动物无异，[①] 故其耳后部不同：①后部有膨胀者；②有如瘤者；③耳之全部如耳轮、耳角视之不分明者，又其耳角中有屈曲者，此皆其特征也。

白耳体翁认耳之法，冈田在德国经六月之实验，以为其法尚有应增应减之处：①对耳轮分别之法太详，不必如此其细，此其法之宜减者；②又人之耳角有直者、有弯者、有上小而下大者、有上大而下小者，此又于其法之外应增者。以此法适诸实用，于搜查嫌疑人最为简便。但识别大、中、小，恐个人之眼光不能全同，或吾认为大而他人或认为中，此亦容有之事。是故记载之法，吾认为大则书为"大否则中"，或吾认为中而恐他人之认为大者，则谓为"中否则大"。盖大与小容易辨别，而大与中则易于混同，故须有如此活动之写法也。

---

① 达尔文（1809—1882 年）：英国生物学家，进化论奠基人。

附四：指纹识别法

中国及日本皆以看指纹为看相之法，以断定其人之吉凶、祸福、富贵、贫贱（日本相法自中国传来）。

自看相术言之，以涡状纹愈多愈佳；以指之法律关系言之，有以拇指代捺印者（拇印），有时恐拇印之证据力犹未足，更以全手印于证书者，此日本手形名目之所由起也。

以指纹识别犯人之法，始起于英国。其后更经德国人之研究，于是欧洲各国皆以此为识别犯人之法。

指纹司分为三种：①弓状纹；②蹄状纹；③涡状纹（此名皆司法省所定，冈田则主水流，不主司法省之名称，如下图21所示）：

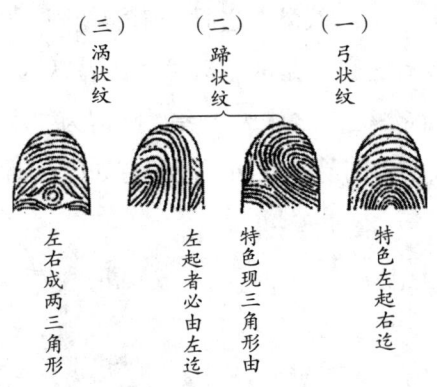

图21 指纹类型示意图

弓状纹者，其纹如弯弓之状；蹄状纹分甲乙两种，其中之纹形如马蹄，凡蹄状纹，其对面必有三角形，其纹自上面起线者，则仍回环于上面，或自下面起线者，亦同；涡状纹，纹至中间为止，不到两旁，其中形状如漩涡。

然三种指纹以弓状纹最少，蹄状纹最多。于千百雷同之指纹中须另想方法，以分别之方便于实用也。

弓状与涡状纹之区别甚易，甲种蹄状纹与乙种蹄状纹之区别颇难。往外向者为甲种蹄状纹，往内向者为乙种蹄状纹。然视下手与视上手不同，而目视与刷视又不同。目视者，自手之正面观之；刷视者，印于纸上，不啻自手之背掌观之，故方向因之斗换。[①] 自正面观之向内者为乙种，自背面观之则向外者为乙种也。今将指纹分类之法列表（如下图22所示）于下，并说明之。

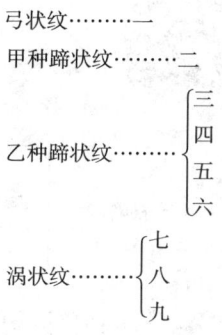

图22　指纹分类示意图

弓状稀少，故仅分为一类；甲种蹄状纹分为两类；乙种蹄状纹分为四类；涡状分为三类。因乙种蹄状纹与涡状最多，故分类亦甚细。假有百指于此，弓状占10、甲蹄占20、乙蹄占40、涡状纹占30，太不平均，故分乙蹄为四类，涡状为三类，恰符一类10人之数。此种分类法之当否，因人种不同而稍生差别。德国此种分类法系以欧罗巴人种为据，日本用之稍加变通，中国人种与欧罗巴人种相近，尚未据统计以考校，惟以予意揣之，中国若用此法，想亦无大差异也。

今言乙蹄状纹之分类法，法自最小蹄状线之尖（乙）（内端）为起

---

① 不啻：如同；斗换：斗换星移，相反。

点（乙之内端，最小蹄状线是也。有最小蹄状线，只一单线者即以单线起算；或最小蹄线有数线者，即以最长者起算），由朱点算至对面三角形之尖（丁）（外端）为终点（外端有交叉点者，则以交叉点之丁为外端，如无三角形而又无交叉点者，则以理想而定一交叉点计算之），共算其经过若干隆线。自一至七符号为三，自八至十一符号为四，自十二至十四符号为五，十五以上符号为六，此乙种蹄状之分为四类者如此（是德国口エシエル所创之法，如下图 23 所示）：

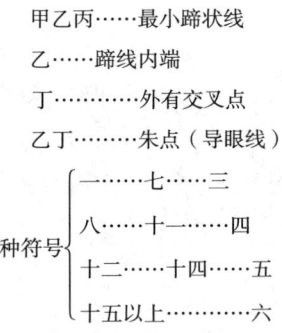

乙种蹄状隆线计算法

甲乙丙……最小蹄状线
乙……蹄线内端
丁…………外有交叉点
乙丁………朱点（导眼线）

以隆线经过之多少分四种符号 {
一……七……三
八……十一……四
十二……十四……五
十五以上………六
}

图 23　指纹分类示意图

再言涡状纹之分类法，涡状纹之特色有两三角形，即以三角形为分类之法。从下之三角形尖起而向上之线为追迹线，从追迹线中朱点看至上三角为交叉点。自追迹线至交叉点，视其经过之线若干而有上流、中流、下流之别。追迹线往上而交叉点五以上曰"涡状上流"（符号为七）；追迹线往中而交叉点二以下曰"涡状中流"（符号为八）；追迹线往下而交叉点四以上为"涡状下流"（符号为九）。

实用此方法时，所需之物品为纸、墨、桌子。纸张须用坚厚者，以便保存。墨则当用印刷书籍所用者，中国平常写字之墨不能用。印刷书籍之墨系圆形，须以印刷机器揉平之，且须使之匀净。当印指之时，立于人之上旁，先将手指濡墨印子纸上，须滚一转。其印之顺序先下手而后上手，先示指、次中指、次环指、次小指、次拇指。如将一人指纹印出后，则标明其番号（如下图24所示）：

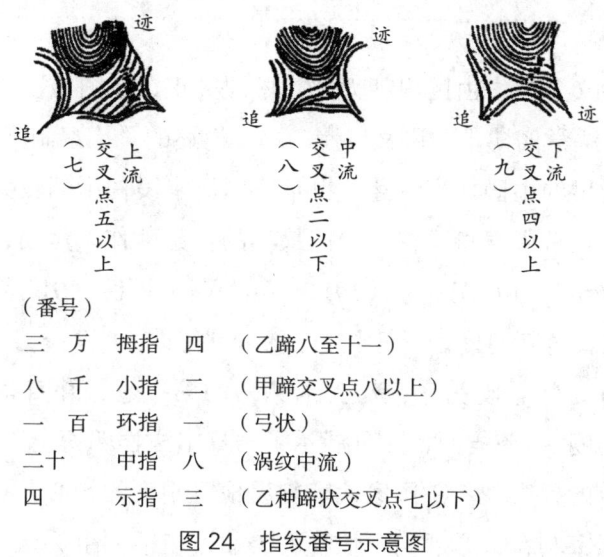

（番号）
三　万　拇指　四　（乙蹄八至十一）
八　千　小指　二　（甲蹄交叉点八以上）
一　百　环指　一　（弓状）
二　十　中指　八　（涡纹中流）
四　　　示指　三　（乙种蹄状交叉点七以下）

图24　指纹番号示意图

后来按数查对，即使下手之数相同，犹恐其有错误，再对验其上手。断未有二人以上下上手指之纹数全相同者，此殆绝无仅有之事。即或两手相同，则再看两手有特征否。特征有二，一为孤立线，即不相连续而中断之线，如下图25是也。一为抱合线，即单线之中所生之复线，如环形，即如下图26是也。抱合线中亦有多少不等、大小不同，以显微镜测之，则断无与人同者。

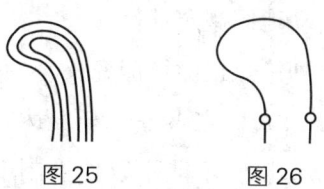

图25　　　　图26

以指纹法为主，辅之以身体识别法，则于搜查必多确实，将来如于此两法外有发明未可知也。

【跋】

严格意义上说，由冈田朝太郎、松冈义正、小河滋次郎、志田钾太郎"日本法学四博士"讲义口授、郑言笔述的《检察制度》，是名副其实的、最早的中国检察专著，也是我国清末民初影响较大的检察专书之一，以致有人误将其视为中国最早的检察著作。然而，却很少有人知道，它至少有宣统三年（1911年）、民国元年（1912年）两个印制版本，以及对其编纂者"蒋士立"的以讹传讹。

以面世时间早晚为序，作为本丛书的第二卷，郑言笔述的宣统版《检察制度》，一方面，充分展示了"日本法学四博士"、郑言、蒋士立和徐谦的检察观：①国家代表创设检察制度的初心，在于维护社会公益、国家利益，亦即当下惯称的公益，包括刑事诉讼、民事与非讼、行刑、对外关系等领域中的公益。②检察权在驰骋刑事诉讼、民事（含人事诉讼、非讼事件、破产诉讼、诉讼上之救助）、行刑与对外关系"四大管辖疆场"的同时，也理应依法受到监督。③（各国）检察厅（局）之组织、职权、事务章程及其下设书记课，检察官之考试、任免、定员、官等、俸给、保障，以及检察制度之发展、意义、性质，甚至识别法，等等，都是检察制度研究的当然内容。与此同时，笔述者对讲义口授者观点的肯否、取舍，属典型的洋为中用、因地制宜和扬长避短，并非原封不动地照搬照抄。

另一方面，书中下列论点也值得深究：

——世界日日进步，人民之事务日渐发达，则欲保护一切公益而委之人民，断不能行。所以，不能不以检事制度为重。此无论日本及其他各国皆宜以保护人民公益而特立国家机关，如检察制度是也（原书第二编第2页）；

——凡司法事务不必事事皆与国家有益,惟检事专主张国家利益而设。此与裁判所之设立,因国家不能自行裁判乃设立之;国家不能自己主张利益,故设立检事局以主张国家利益,同也(原书第二编第5页);

——国家就关于婚姻之各诉讼有利害关系,故使检事为国家之代表者而参与婚姻事件(原书第二编第17页);

——国家就关于养子缘组(即收养)之各诉讼有利害关系,故使检事参与关于缘组之各诉讼(原书第二编第21页);

——国家就关于亲子关系之各诉讼有利害关系,故使检事参与亲子关系之各诉讼(原书第二编第22页);

——禁治产事件乃限制在心神丧失常况之个人之行为能力,而保护之事件也。于国家之利害有重大之关系,故国家使检事参与禁治产事件焉(原书第二编第24页);

——准禁治产事件乃限制心神耗弱者、聋者、哑者、盲者及浪费者之行为能力,而保护其利益之事件也,于公益上颇有重大之关系。故国家使检事参与准禁治产事件,其方法类于禁治产事件(原书第二编第27页);

——失踪乃于法定年间生死不分明之不在者,因裁判上之宣告视为死亡者之状态。故其宣告及取消与人之生死同为重大之事项,事关公益。国家因使检事参与失踪事件焉(原书第二编第27页);

——破产复权之许否关于公益,故国家使检事参与申请复权之裁判手续,以陈述其意见(原书第二编第30页);

——其(即诉讼上之救助)事关于公益,故国家使检事参与诉讼上之救助手续(原书第二编第31页);

——其(即民事非讼事件)裁判不仅系于一私人之利害而关于国家之利益,故国家使检事参与之(原书第二编第32页);

——商事非讼事件乃规定于商法之非讼事件,其裁判关于公益,

故国家使检事参与之（原书第二编第 32 页）……

而上述论点，一来，与 2017 年 9 月 11 日，习近平总书记写给第 22 届国际检察官联合会年会暨会员代表大会的贺信内容——"检察官作为公共利益的代表，肩负着重要责任……中国检察机关是国家的法律监督机关，承担惩治和预防犯罪、对诉讼活动进行监督等职责，是保护国家利益和社会公益的一支重要力量"一脉相承，值得研究……二来，也为探索填补我国现行《民事诉讼法》第 55 条第 2 款、《行政诉讼法》第 25 条第 4 款之"等外"检察民事、行政公益诉讼案件空白的重要指引。①三来，法律监督也属于公益范畴，国家代表创设检察制度的最终目的是保护公益，检察制度并非刑事诉讼或其公诉的附带品，相反刑事公诉也属于公益诉讼诸论点能不能成立……一言以蔽之，当下既应拓宽检察学的研究视野，也应摒弃固步自封、人云亦云的不思进取。

当然，不论宣统版还是民国版郑言笔述的《检察制度》，既无愧为"中国检察第一书"之美誉，也无愧为欲入中国检察殿堂的"敲门砖"。退一步讲，它至少为我们进一步探究，国家代表创设检察制度的初衷究竟是什么？检察制度与刑事诉讼尤其是刑事公诉到底是一种什么关系？检察制度与法律适用、法律监督之间终究是否存在天然的契合性……留下了初始踪影。

最后，还应感谢薛远硕士的点校与外文帮助，以及阅者的批评。

薛伟宏

2020 年 6 月 10 日于京西

---

① 根据《民事诉讼法》第 55 条第 2 款规定，所谓"等外"民事公益诉讼案件，是指除破坏生态环境和资源保护、食品药品安全领域侵害众多消费者合法权益之外的民事公益诉讼案件；根据《行政诉讼法》第 25 条第 4 款规定，所谓"等外"行政公益诉讼案件，是指除生态环境和资源保护、食品药品安全、国有财产保护、国有土地使用权出让之外的行政公益诉讼案件。